本书为黑龙江省哲学社会科学研究规划项目

"社会建设吸纳与中产阶层群体的公益性组织参与机制研究"（项目批准号：19SHB044）的最终成果

中产阶层人士的公益组织参与研究

基于 B-X 会个案的考察

A RESEARCH ON
THE PARTICIPATION OF MIDDLE CLASS INDIVIDUALS
IN NON-PROFIT ORGANIZATION

BASED ON THE CASE STUDY OF B-X CLUB

王树生 等 著

社会科学文献出版社
SOCIAL SCIENCES ACADEMIC PRESS (CHINA)

前　言

　　本书为黑龙江省哲学社会科学研究规划项目"社会建设吸纳与中产阶层群体的公益性组织参与机制研究"（19SHB044）的最终成果。

　　王树生为课题负责人，对课题的研究设计、子课题规划、项目实施、对外联络、成果汇总进行全面管理，李松花参与课题的研究设计、成果汇总等工作。

　　本书的"课题研究设计"由王树生、李松花完成。各子课题由厉娟、常瑞、张琢、邱雅琴、栗墨妍、门闯、王菲具体实施，完成各章及附录内容草稿。王树生对子课题实施进行总体指导，并根据课题框架，对各章及附录草稿进行系统性修改与调整完善；利用收集到的最新经验材料与数据信息，订正部分事实性讹误与文字表达问题；根据现阶段党和国家社会组织管理政策变化及本书所研究的公益组织 B-X 会的发展状况，对各部分内容进行了增补与分析论述的深化；撰写了结语。

　　参与书稿各章撰写的具体人员包括：王树生（绪论至第六章、结语、附录1与附录2）、李松花（绪论）、厉娟（第一章）、常瑞（第二章）、张琢（第三章）、邱雅琴（第四章）、栗墨妍（第五章）、门闯（第六章）、王菲（附录1）。

　　课题在收集第一手信息、发掘鲜活事例等方面做出一些努力。在此基础上从中国社会、公益组织运行的实际逻辑出发，以中产阶层的公益服务参与为切入点，尝试作出分析与解释，回答与当代中国的公益组织发展、社会治理与社会建设相关的一些理论问题与实践问题。我们知道，本研究在理论框架的建构、理论分析的深化、学术前沿的对话等方面，还存在提升空间，这也为后续研究的开展指明了方向。

　　本书的部分章节曾在学术期刊及学术会议上发表或宣读，在此表示感谢！在本书出版之际，向为本研究开展给予大力支持的 B-X 会几任领导团队成员、广大会员及其他受访者，表达由衷的谢意！他们对公益事业的热爱与真诚付出、对美好生活建设的投入与倾力奉献，鼓舞激励着研究者在解读中国社会、讲述中国故事的道路上继续前行！

王树生

2024 年 7 月

目 录

contents

表格与图例目录

绪论　课题研究设计

一　研究依据

（一）学术史梳理及研究现状

社会建设在西方社会理论研究中拥有悠久传统。在《理想国》中，柏拉图思考构建理想社会秩序的基本原则，孔德、涂尔干等古典社会学家将"现代性"社会秩序作为关注焦点，曼海姆（2002）对自由放任与无计划调节原则对社会建设的潜在危害表示关切，波兰尼（2007）与哈耶克（1997）反思自由市场与国家计划的内在缺陷，吉登斯（2000）将生活政治及社会运动作为化解现代性制度风险的重要途径。在受到国外社会建设思想影响的同时，当代中国社会学的社会建设研究更加关注"中国特色社会主义"这一基本语境。文军与桂家友（2015）强调，改革开放后，国家与社会从"一体化"向逐步分离、良性互动的关系发展。陆学艺（2010）、周晓虹（2012）、李茂平（2007）指出，"国家与社会"关系的调整为社会组织与社会群体的发展提供广阔空间，公益组织作为各类社会阶层参与社会建设的重要平台，对政府与市场形成重要补充。与此同时，部分学者强调，在"国家与社会"的关系变动中国家效能并未完全离场（周雪光，2011；李友梅、梁波，2017）。研究表明，政府化程度对非政府组织的绩效存在非线性影响，一定程度的政府化有助于提高非政府组织的绩效，促进其发展（尹海洁、游伟婧，2008）；赋权增能与约束控制是国家在管理公益组织时"一体两面"的基本原则（郝彩虹，2012）。在此情况下，公益性社会组织往往在与政府的理念/目标保持一致的前提下采取相对自主的生存策略（唐文玉、马西恒，2011）。党的十九大确立"党委领导、政府负责、社会协同、公众参与、法治保障"（习近平，2020：38）的吸纳型社会治理原则；党的二十大报告提出，要"健全共建共治共享的社会治理制度"，"引导、支持有意愿有能力的企业、社会组织和个人积极参与公益慈善事业"（习近平，2022：54、47）。当代中国社会建设的独特国情在中产阶层的公益组织参与中得到清晰体现。

中产阶层的形成研究在中外社会学发展中呈现不同语境。马克思将经济因素看作阶级形成的决定因素。汤普森（2013）认为，阶级不是经济发展特定阶段的机械产物，而是特定群体既有价值观及文化传统对其客观经历的主观阐释；这种主、客观结合的视角具有启发意义。米尔斯（2006）、贝尔（1997）、凡勃伦（2007）、Lawler（2005）等认为，中产阶层是西方国家工业化、科层化、知识化、消费主义发展的内在产物，是当代西方橄榄型社会结构的中坚力量及重要的社会稳定因素。而在中国学者看来，经济与政治体制改革是推动中国社会结构转变的重要因素（张文宏，2018）；国家社会管理观念的阶段性调整对中产阶层的客观处境持续产生影响（雷洪，2018）；在当代中国"金字塔型""倒丁字型"的社会结构中，中产阶层并不占有主导地位（李强，2018；李培林，2015）。当代中国中产阶层的社会、政治态度具有独特性（李春玲，2011）。周晓虹（2010）强调，经济改革成功及政治格局制约使中产阶层形成"消费前卫、政治后卫"的特征；李路路、孔国书（2017）认为，经济发展为中产阶层的发育及成熟提供基础，中产阶层在社会结构中的特定位置决定其在成长起来后需要更具参与性和稳定性的政体与社会秩序；李强（2005）、李路路与王宇（2008）、李培林与张翼（2008）指出，当代中国的中产阶层尽管在阶层认知、政治参与等方面与其他阶层存在差异，但其来源的多样性使其并未形成完全统一的行为取向与社会态度。

公益组织为分散于不同社会领域中具备中产特质的个体集聚起来、形成具有群体意识及行动效能的阶层提供了渠道。国外社会学家对中产阶层的公益性服务参与给予重点关注。托克维尔（1989）将参与各类社会组织/社会团体作为美国社会自治性的重要特征；帕特南（2011）指出，参与公益性社会组织有助于中产阶层个体通过社会资本的生产与维系来增强自身的阶层认同；Charles（1993）强调，参与服务型社团有助于非正式的人际关系网络的构建，蕴含社群主义与友谊气氛的组织氛围对中产阶层个体参与公益组织构成强大吸引力。部分学者对一般社会群体的公益组织参与问题的研究也富有启示。Carvalho、Melo 与 Ferreira（2016）指出，组织培训有助于提高公益组织成员的专业化水平，提升其行动能力。Fengshi Wu（2017）强调，与同辈群体共同参与公益组织的经历，有助于增强组织成员的同属意识与人际信任，提升公益组织的行动力。Lindberg 和 Nahnfeldt（2017）通过个案研究发现，基于尊严与团结理念的理想主义信条推动了组织成员的合作，信念、规范与意识形态对组织创新具有重要影响。Jundong Hou、Eason 与 Chi Zhang（2014）发现，成员间的适度竞争，有助于增强其对公益组织的认同，提升其对慈善捐赠及志愿行动的参与度。

国内学者对中产阶层参与公益组织的研究立足当代中国的独特语境。徐勇、崔开云（2003）认为，与西方国家的中产阶层相比，当代中国中产阶层的公益行为相对欠缺。汪润泉（2016）指出，相比于非中产阶层，中产阶层的公共意识更强、公共参与度更高，但两者的意识差异大于行为差异，中产阶层的公共意识并未有效地转化为公共参与。伏虎（2016）发现，组织成员的参与度及成员之间的互动频率对其组织认同存在显著正向影响；组织声誉能够显著促进成员的组织认同，而过度管理则对公益组织的成员认同存在负面影响。朱健刚、景燕春（2013）对国际公益组织传入中国后被接纳的本土化过程进行个案研究，提出国际公益组织的公益文化、民主治理模式、与政府合作的传统嵌入中国的传统福报观念、权威主义社团文化、政府主导社团治理模式之中，关注当代中国中产阶层公益组织参与的国际视野与嵌入性视角，揭示中产阶层的参与意识、阶层认同与行动能力在公益服务中得到提升的机制。此外，还有学者聚焦中产阶层参与公益性服务项目的个案分析（倪芳，2009；吴太胜，2015）。从总体上看，学者们已达成共识，中产阶层与国家的关系在公益服务参与中得到形塑，在社会建设中发挥越来越重要的作用（杨渊浩，2016；施蕾生，2012）。

上述文献梳理表明，社会建设、中产阶层认同的形成及中产阶层公益组织参与实践，在习近平新时代中国特色社会主义思想的指引下，存在独特的交汇点，这种交叉性研究视角有助于剖析当代中国社会阶层结构演化，揭示公众的社会、政治参与的"本土特征"与社会建设的吸纳效应，推动社会治理体系创新。

（二）学术价值与应用价值

第一，本研究的开展具有重要的学术价值。对当代中国中产阶层的公益组织参与进行研究，有助于深入理解新时代社会建设的内涵及社会资源吸纳效应；考察中产阶层的自我认同及社会态度在公益服务实践中的生成过程，对研究当代中国语境下中产阶层形成的主观维度、深化社会学的阶层分析理论具有开拓性意义；而对公益组织的组织结构与日常运行机制开展研究，也将为分析当代中国中产阶层的行动组织性及社会影响力的来源提供切入点。

本研究的完成，将为组织社会学、社会管理与社会建设、社会阶层、社会心态研究提供一定理论借鉴，有助于相关研究的进一步发展。

第二，本研究的开展具有广阔的应用价值。本研究将为政府部门制定社会组织特别是公益组织的管理政策、制度法规提供理论依据；对中产阶层的公益服务参与动机进行考察，将为了解当代中国的社会心态提供便利；本研究的开展有助于揭示当代中国各社会阶层之间的关系，为社会管理部门认识与应对当代中国的社会问题提供借鉴；本研究对引导与吸纳社会资源、社会群体参与社会建设的路径进行考察，对推动当代中国社会公益事业的发展也具有启发意义。

本研究的完成，将为认识新时代国家与社会的关系、促进社会组织特别是公益组织健康发展、推进当代中国的社会建设与社会管理，提供政策性启发与借鉴。

二　研究内容

（一）对中产阶层的界定

中产阶层已成为现代社会结构的重要组成部分，对社会稳定、社会发展与社会运行发挥着重要作用。学者们达成共识，认为可以从经济地位、职业地位与教育程度等三个维度对中产阶层进行界定，李强教授对此进行了精炼的概括（李强，2019：272~273）。中产阶层的收入、财产状况、消费和生活状况在全部人口中居于中上水平；中产阶层以管理人员、专业技术人员、办公室人员和商业服务业人员等为主，拥有较高社会声望；中产阶层普遍接受过良好的高等教育。根据上述三个标准分别划定的中产群体存在外延差异；而同时满足三个标准的中产群体规模有限。

针对这一客观情况，李强教授对"核心中产""广义中产"进行了区分。"核心中产"指三个维度均符合标准的中产群体，"广义中产"强调只要有一个维度符合标准就可以被划为中产阶层；当代中国的现代化转型过程还未完全完成，现代意义上的中产阶层处于发展过程中，同时符合三个标准的中产阶层比例较低，而在未来当我国完成现代化转型、呈现为"橄榄型"社会结构的时候，同时符合三个标准的中产阶层比例会大大上升（李强，2019：272~273）。当代中国的白领职业群体主要由国家机关、党群组织、企业、事业单位负责人，专业技术人员，办事人员和有关人员，商业、服务业人员，其他职业人员构成；当代中国的中产阶层主要包括五大社会群体：专业技术阶层，管理人员阶层（企事业单位管理人员和广义的干部阶层），新生代阶层（从事新兴或高新技术职业的年轻人群体），中产职工阶层（效益良好的国有企业、股份制公司和其他企业、公司、单位的职工群体），中小产业、工商业企业主和所有者阶层（李强，2019：288~291）。

基于上述理论基础、中国国情，本研究认为，采取"广义中产"的视角，特别是从职业类型与社会群体构成的角度出发，对中产阶层进行界定，既具有技术可操作性，又具有现实合理性。本研究考察的中产阶层指在当代中国从事典型的中产职业、由来自代表性中产社会群体的个体所组成的社会阶层，该社会阶层普遍拥有中等以上水平经济收入，财产状况优越，消费水平良好，大多接受过各种层次的高等教育。

（二）研究对象

以此为前提，本研究以习近平新时代中国特色社会主义思想为指导，强调社会建设顶层架构吸纳社会资源、社会群体的必要性与可行性，将中产阶层的公益组织参与作为研究对象；立足于对公益组织的组织培训、组织激励、团队建设、服务实施、党组织建设等场景及事务的系统研究，考察中产阶层的社会态度及阶层认同在公益性服务参与实践过程中的形成机制；分析中国共产党领导、"国家-社会"互动框架下公益组织的运行策略及公益组织与政府合作关系的形成；考察中产阶层在社会建设中的社会功能，探索以中国共产党领导为核心、共建共治共享的社会治理共同体及吸纳型社会建设路径的建构方式。

在将公益组织发展的普遍性问题纳入考察视野的前提下，本书选取中国 X 会（以下简称"中 X""X 会"）作为公益组织代表、以其下属的 B 代表处①为个案，考察中产阶层的公益服务及社会建设参与实践。

中 X 是借鉴国际 X 会运作模式，经国务院批准，在民政部注册登记的全国性公益慈善志愿服务团体，于 2005 年 6 月正式成立。中 X 坚持走中国特色社会组织发展之路，坚持中国共产党的领导，接受中国残疾人联合会的业务指导，组织引导会员开展形式多样的公益慈善服务活动。中 X 的服务经费主要来源于会员交纳的会费和会员的自愿捐赠。会费用于中 X 的行政管理、通过转入服务经费用于社会公益服务活动，会员自愿捐赠的服务经费 100% 用于社会公益服务活动。

中国 X 会 B 代表处（以下简称"B-X 会"）②，2013 年 1 月正式成立，办公地点为 A 省 B 市，隶属中 X，是其地方代表机构，业务主管部门为 B 市残疾人联合会。B-X 会的日常运行依照中 X 的管理模式有序开展。③ B-X

---

①　作为全国性公益组织，中国 X 会在各地设置单位会员与代表处：符合相关法律法规要求、在民政部门完成独立社团法人注册登记的极少数地方 X 会以"单位会员"身份加入中国 X 会，未完成独立社团法人注册登记的其他地方 X 会以"中国 X 会地方代表处"的身份开展公益服务。

②　自成立至今，B 代表处先后使用过中国 X 会"B 会员管理委员会"、中国 X 会"B 代表机构"和中国 X 会"B 代表处"的正式名称，为方便行文，本书统一使用"B-X 会"的简称。

③　中国 X 会制定了完善的组织章程与工作原则，为各地单位会员与代表处的组织架构、组织培训、文化宣传、党组织建设、会员管理、公益服务等事务确立了指导原则与制度规范。为保证行文的简洁性，在本书中，当强调中国 X 会的宏观指导、各地单位会员与代表处发展的共性问题或泛指中国 X 会时，一般使用"X 会"或"中 X"的称谓；在涉及 B 代表处日常运行的具体事务、发展经验的特色探索时，一般使用"B-X 会"的指代方式。

会的运营经费、服务开销通过会员交纳会费、会员自愿捐赠的方式自行筹措承担，开展的公益服务项目也由会员亲身亲力筹划、参与，会员主要来自企业主及企业管理人员、医务人员、教师、律师、媒体工作人员、公务员等中产职业群体，根据 2022 年统计，69.1%的会员接受过大学专科、大学本科、研究生教育。截至 2023 年 3 月，B-X 会共拥有 102 支基层服务队 2814 名会员；B-X 会设立党支部，拥有 194 名中共党员会员，设立 14 个党小组。B-X 会的公益服务遍及 A 省的 B 市、D 市、M 市、Q 市、J 市等 9 个地区，服务涉及助残、扶贫、赈灾、助学、敬老、环保、公共卫生、文化传播等众多领域。目前，B-X 会已成为 A 省公益组织发展的突出代表，为地方社会建设作出重要贡献。

（三）研究框架

第一，组织培训与中产阶层的公益组织认同研究。针对公益组织面临的成员流动性大、组织认同淡漠等一般性问题，以 B-X 会这一中产阶层公益组织为个案，讨论以组织文化为依托的组织培训的运行机制，从组织架构支撑、仪式象征实践、资源循环交换等维度，考察组织培训对中产阶层的公益意识形塑与组织认同生成作用，探讨培训对公益组织运行的驱动效应。

第二，组织激励与中产阶层的公益服务行动效能研究。针对部分公益组织存在的组织性弱化、组织效能有限等问题，通过对 B-X 会进行个案研究，考察以服务业绩为核心、针对成员个人与基层服务队而实施的晋升激励、荣誉激励与集体激励模式，探讨组织激励对组织成员的服务参与积极性、对公益组织服务行动效能的正向强化作用。

第三，公益组织的团队发展及行动力生成研究。针对部分公益组织存在的原子化运作、组织性涣散、内聚力薄弱的弊端，以 B-X 会公益服务的基本单元"服务队"为例，考察团队结构、团队资源、团队文化对公益服务的组织支撑、资源激活与定向引导作用，探讨公益组织行动力生成及团队发展的可行性路径。

第四，公益组织运行的党建引领研究。以 2015 年以来党和国家加强社会组织党建引领的系列政策、制度与文件为框架，通过对 B-X 会党组织建设工作开展进行个案研究，考察党建通过对公益组织运行的"组织引领""文化引领"为公益组织的健康发展确立正确政治方向的实践策略，对社会组织党建引领作用发挥的影响因素进行分析，探讨当代中国公益组织发展的政治语境特色。

第五，公益组织与政府的合作关系研究。基于公益组织与政府关系的类型学分析，考察 B-X 会在保持适度自主性发展的同时积极与政府部门建立合作关系的实践策略，探讨组织架构、服务项目设置、财务运行、会员招募的自主性对公益组织发展的影响，分析"公益组织寻求政府支持""政府借用公益组织资源"合作关系的形成对推进公益组织良性发展、当代中国社会建设路径创新的价值，分析"国家-社会"关系的动态调整对中产阶层社会建设参与的影响。

第六，中产阶层的公益服务参与及其社会建设吸纳研究。以 B-X 会为个案，分析当代中国的中产阶层人士加入公益组织、参与公益服务的动机，立足公益组织文化对个体行为方式与精神世界的形塑，考察参与公益服务的"共同经历"对中产阶层人士提高群体觉悟、形成与稳固阶层认同的作用机制，揭示中产阶层群体性社会行动力的来源，探讨以公益组织为依托吸纳中产阶层参与社会建设、完善共建共治共享社会治理体系的实践路径。

第七，公益组织服务质量提升的社会工作介入研究。以当代中国公益组织的专业化转型为切入点，以 B-X 会的基层服务队为个案，考察公益组织的服务质量问题及成因，以社会工作专业化理论及实务技巧为支撑，通过小组社会工作的介入方法，吸纳服务队队员与公益服务对象参与小组活动，挖掘受助群体真实需求、激发受助群体自助潜能、强化服务队队员的社工伦理意识、提升服务队队员的专业化服务水平，探讨公益组织服务质量提升的对策建议。

（四）重点难点

第一，公益服务参与及中产阶层认同的形成。目前，学界一般将收入、职业与教育程度作为划分中产阶层的客观标准，关注中产阶层形成的市场、专业技术与教育渠道，对分散在人群中的中产个体如何形成具有组织性与行动能力的中产群体的关注相对不足。本书以中产阶层的公益组织参与为切入点，重点分析中产阶层认同形成的中介机制，将中产个体参与公益服务的共同经历与主观感受作为研究重点，将阶层形成的客观视角与主观视角相结合，这是本研究的难点之一。

第二，公益组织发展及公益组织与政府关系的建构。新中国成立后，在"强国家-弱社会"的社会治理逻辑下，各类社会组织发育缓慢，改革开放后，特别是21世纪以来，中国的社会组织管理政策发生变化，社会组织转型加速。因此，对"公益组织日常运行的自主性需求"与"政府社会管理模式调整"二者关系的分析，包含对"结构"与"过程"两方面因素的考察，这构成本书的研究重点及难点之一。

第三，阶层认同与中产阶层群体的社会建设参与。社会建设与社会治理体系创新是新时代社会建设的重要组成部分，吸纳及动员社会组织及社会群体参与社会建设，一直受到政府部门及学术界的关注，而如何将中产阶层整合到社会建设中，是本书试图回答的重点问题之一。

（五）主要目标

第一，借鉴汤普森《英国工人阶级的形成》一书的研究视角，针对当代中国的中产阶层，提出一种以公益组织参与为切入点、将客观经历与主观感受整合为一体的阶层认同形成的解释框架，突出中产阶层认同形成的国情。

第二，对当代中国公益组织的组织培训、组织激励、团队建设等问题进行研究，对公益组织发展普遍面临的成员流动快、组织行动力弱、组织绩效有限等问题进行经验研究与理论思考，为当代中国公益组织的发展提供合理的解释框架与对策建议。

第三，通过对中产阶层公益组织参与开展研究，探讨中产阶层的组织性与社会行动力的生成渠道，澄清各界对中产阶层认同的某些偏颇认识，突出中产阶层作为社会建设参与主体的"独特性"，明确吸纳型社会建设的内涵，为相关政府部门制定政策、制度与规章提供理论借鉴。

三　研究思路与研究方案

（一）研究思路

首先，立足新时代社会建设及社会治理体系创新这一基本现实，围绕政府主导下社会建设多元主体、多元阶层参与的必要性，突出公益组织在社会建设中的角色与作用，为"中产阶层"这一在当代中国发展迅速的社会群体在社会建设中出场确定结构情境。

其次，关注影响公益组织社会建设作用发挥的结构性因素，探讨组织培训、组织激励、团队发展、党组织建设等因素对公益组织运行的支撑与导向作用，考察公益组织的发展自主性及政府管理二者之间的辩证关系，分析中产阶层的组织性与行动效能在公益服务过程中的形成与强化。

再次，考察中产个体在公益服务过程中行为方式与精神世界的变化，探讨他们对"公益服务参与"这一共同经历的认知框架与解释策略，分析其"我群"边界感及社会建设责任感的形成过程；突破人口学特征分析的研究传统，以公益性服务参与为切入点，融合"结构"维度与"认同"维度，探讨"由散点状分布的中产个体到具有组织性及行动力的中产阶层"的形成机制。

最后，立足中产阶层的公益组织参与，分析"国家治理转型""社会阶层参与""公民意识培育""社会组织发展"耦合效应下新时代社会建设的基本内涵，探讨吸纳多元社会群体参与的社会建设制度框架建构思路。

（二）研究方案

第一，宏观理论预设。以习近平新时代中国特色社会主义思想为指导，围绕当代中国社会建设的"本土性"与"吸纳性"，从"社会建设主体观"角度探讨中产阶层在公益服务中组织性增强、阶层认同强化的过程，从"社会建设目标观"角度对公益组织对"美好生活"建设的推动作用进行分析，从"社会建设路径观"角度强调中产阶层及公益组织对社会治理体系创新的支持作用。

第二，理论分析视角。借鉴汤普森的阶级形成理论，考察加入公益组织、参与公益服务的共同经历对中产阶层认同的主观形成过程的影响，弥补单纯从社会结构维度与指标测量角度研究"中产阶层"的不足，突出社会建设过程中社会心态的重要性；借鉴布迪厄的"场域""惯习"理论，对中产阶层"社会空间感""社会责任感""公益意识"的生成进行研究；此外，在讨论公益组织与政府部门的关系时，还与"国家-社会"关系分析的既有理论传统进行对话。

第三，操作性研究方法。以课题组 2016 年至 2023 年在 B-X 会开展的实地调查为主要基础，采用个案分析、观察法、访谈法、问卷调查与文献分析等具体方法开展研究。

其一，个案分析。将 B-X 会作为代表性个案，对当代中国公益组织在组织架构、日常运行、组织发展及公益服务等方面存在的问题进行研究；选择若干代表性公益服务项目与基层服务队，对 B-X 会的团队建设、公益服务等问题进行个案分析。

其二，观察法。根据需要，有选择性地参加 B-X 会的理事会、监事会及下属机构的工作会议，领导机构及领导成员的换届选举，各级各类培训，服务队公益服务，慈善拍卖等，对 B-X 会的议事决策、领导人员选举、能力培训、公益服务等工作环节进行系统性观察。

其三，访谈法。选取 B-X 会的领导成员及普通会员，针对其参与 B-X 会日常事务及公益服务项目的经历，对其进行访谈；在考察 B-X 会的党建工作及 B-X 会与政府部门的关系时，访谈对象还包括 A 省、B 市民政、城管、残联、共青团、工会、社区等政府部门、群团组织及基层单位的相关工作人员；在开展公益组织服务质量提升的社会工作介入研究时，访谈对象还包括部分服务对象。

B-X 会的会员绝大多数拥有自己的现实职业，加入 B-X 会、兼职从事公益服务。本研究持续多年，B-X 会的组织机构、领导职务设置及其名称，也经历了调整与变化。部分受访者在各子课题陆续开展过程中多次接受访谈,在 B-X 会中的会员身份、担任的领导职务也有变化。书末附录《访谈对象基本情况》为引述访谈材料的每位受访者编制了唯一编号,受访者信息统一标识为(序号,性别,会员身份/领导职务,职业/身份)。"会员身份/领导职务"为受访者接受访谈时的会员身份、担任的领导职务,同一受访者若在不同时间点多次接受访谈,访谈材料标识的职务可能有所差异。B-X 会专职行政人员不标识现实职业。若受访者不是 X 会成员,不标识"会员身份/领导职务",只标识"现实职业"或"社会身份"。

其四,问卷调查。在对公益服务质量提升的社会工作介入开展研究时,根据 SERVQUAL 模型设计调查问卷,选择部分接受过 B-X 会公益服务的服务对象发放问卷,然后回收问卷,进行统计分析;为测量社会工作介入小组活动对服务质量提升的成效,还在小组工作开展前、结束后,对服务对象的服务质量满意度及各维度评分,进行了前测、后测对比分析。

其五,文献分析。充分利用 B-X 会资料室提供的便利,对资料室收集的政府主管部门、中 X 及 B-X 会的大事记、工作报告、批文指示、合同/合作协议、工作备忘录、法律法规、新闻报道、宣传材料等纸质资料、音像资料进行文献分析,厘清 B-X 会运作的法律法规、规章制度框架。

上述操作性研究方法的具体应用,在下文各章的研究中再根据实际需要进行介绍。

第四,信息匿名处理。遵循社会学研究的一般惯例,本书对研究涉及的社会组织、省份、城市、市辖区、街道、村、社区、服务地点及服务队的名称,进行了匿名处理,利用字母或字母组合进行替代;对访谈涉及的 B-X 会人员、服务对象、政府机关工作人员等,隐去其真实姓名;受匿名处理影响,在不影响基本事实的前提下,对涉及的个别 B-X 会的专用名词,进行了表述调整。

四 研究创新

第一,在坚持党和国家对社会建设宏观领导的前提下,对新时代社会建设的多元主体进行思考,强调社会建设中社会协同、公众参与的重要性，将中产阶层的公益组织参与作为研究对象，探索社会建设宏观架构的经验性实施，在研究对象方面具有一定开拓意义。

第二，突破传统的结构决定论视角，将当代中国中产阶层的浮现看作动态的主观形成过程，而非客观结构性因素的简单反映，本研究强调参与公益组织的共同经历对中产个体的阶层认同的形塑作用，基于中国经验、中国事实与社会学家汤普森的阶级形成理论进行对话，在理论视角方面具有一定创新意义。

第三，公益组织在社会建设中的作用发挥与其组织绩效密切相关，长期以来，学界对影响组织绩效的负面因素分析较多，相对缺乏从正面角度对组织认同、组织激励、组织绩效的提升机制开展经验研究，本研究对公益组织相关运行机制的分析，在研究主题方面具有一定的填补空白意义。

第四，梳理党和国家关于社会组织党建的相关规章制度，探讨党组织建设在组织、服务、文化等方面对社会组织运行的有效引领问题，分析党建在链接社会资源、提升社会公信力、建构公益形象方面的激活作用，考察党建对公益组织健康、良性、可持续发展的政治方向引领作用，显现出马克思主义社会学的研究视野与问题意识，在研究领域的拓展方面具有创新意义。

第五，与一般的理论探讨不同，本研究在立足新时代社会建设的顶层架构的同时，聚焦对中产阶层人士参与公益组织及公益服务的客观经历与主观意识的考察，将规范性理论推演与经验性科学研究相结合，在研究路径方面具有一定探索意义。

第一章　培训与公益组织认同的生成

一　研究问题与研究方法

（一）培训与公益组织认同

在当代中国，公益组织在开展公益服务、扶助弱势群体、增进社会福祉、分担政府责任等方面扮演着重要角色。然而，在为社会管理与社会建设作出贡献的同时，许多公益组织也面临组织认同的困扰，成员组织认同度不高，导致公益组织凝聚力不强、行动力有限，阻碍了组织的良性运行与可持续发展。

2016 年 6 月，中共中央办公厅、国务院办公厅印发的《关于改革社会组织管理制度促进社会组织健康有序发展的意见》，强调要"建立社会组织负责人培训制度，引导其自觉践行社会主义核心价值观，增强社会责任意识和诚信意识"。事实上，长期以来，许多公益组织认识到，培训是提高成员组织认同度的重要手段，对组织负责人与骨干成员开展培训也成为公益组织的重要日常工作。然而，许多培训并没有达到预期的效果（民政部，2015；顾磊，2022），组织成员缺乏参与培训的热情与积极性，培训流于形式，并未在公益组织的文化传播、团队建设、行动力提升等方面发挥应有的作用。

面对组织认同有限的问题，组织培训应当发挥什么作用？如何在组织培训中宣传组织文化与公益理念？如何通过组织文化内化塑造成员的组织认同？如何通过培训提升组织成员的专业素养与公益服务能力？公益组织认同的生成机制是什么？以 B-X 会为个案，对"组织培训"与"公益组织成员认同"之间的关系开展研究，有助于回答制约公益组织发展的上述问题。

作为隶属于中 X、由 B 市残联主管的公益组织，B-X 会特别重视组织培训，以创建学习型组织为引导，常年开展形式多样、系统规范的培训活动，为组织成员的学习成长创造条件，也为 B-X 会的会员招募和保留、组织凝聚力提升、公益服务能力强化，提供了坚实的支撑。

（二）研究方法

其一，观察法。研究者在征得同意后来到 B-X 会秘书处实习，选取 B-X 会有代表性的培训活动作为观察对象，对培训的整个过程进行系统性观察与详细记录，全面了解 B-X 会组织培训的具体实施机制。

其二，结构式访谈。在秘书处协助下，通过方便抽样、滚雪球等方式，选取 20 名 B-X 会会员作为访谈对象，围绕会员的培训参与、培训收获、培训对组织认同的影响等问题进行结构式访谈，有针对性地对观察获得的发现进行补充。

二　B-X 会的组织培训制度

X 会采用会员"出心、出力、出席、出钱"的公益服务方式。与一些以资金筹措、捐款捐物为核心的常规公益慈善组织相比，X 会的会员除了要交纳会费支撑 X 会的行政经费与服务经费支出外，更重要的是要加入 X 会的基层服务队，积极承担 X 会事务（简称"X 务"）①管理，倾注足够的时间与精力，参与丰富多彩的公益服务项目与服务活动。

这种以"参与式服务"为核心的组织运行方式，在处理日常行政事务、参与服务项目管理、提供专业化服务等方面，对会员提出非常高的领导管理能力及公益服务技巧要求，常态化的组织培训成为满足这一需要的

---

① 为强化内部凝聚力、便利会员交流与对外联络，X 会形成独特的称谓体系，命名方式为：X 会的简称"X"+具体事项的简称，据此，"X 会"的"事务"被简称为"X 务"，以此类推，请参见下文"三""（二）""4. 拟家庭化的语言称谓"处的分析。

重要保障。目前，B-X 会已经建立起严格规范、全面完备的组织培训制度与培训体系。

（一）培训在 B-X 会组织架构中的核心地位

1. B-X 会组织架构的层级

B-X 会的组织架构由上至下可分为六个层级①，如表 1-1 所示。

表 1-1　B-X 会的组织架构层级

层级	机构及领导人员
1	代表处联席会议
2	办公会议，监督组，党支部
3	代表处主任，上届主任、历届主任、创区主任，党支部第一书记及书记，监督组主任
4	第一副主任、第二副主任，监督组副主任，秘书长、财务长、法务长、纠察长、总务长，主任助理、副秘书长，各协作区协调长
5	各委员会负责人
6	服务队（队长及队长团队成员）

注：2013 年 1 月，B-X 会成立时即向业务主管单位 B 市残联申请成立了党支部。随着党支部在 B-X 会运作及管理中的职责定位渐趋明晰、发挥的作用越来越重要，B-X 会党支部在 2019 年被列入 B-X 会正式对外公布的组织架构图中。

服务队是 B-X 会开展公益服务的基层单元。为便于管理，B-X 会设置了协作区（分区），每个协作区（分区）下设若干支服务队，协作区（分区）负责人称为协调长主席。截至 2023 年 3 月，B-X 会已经拥有 102 支基层服务队，分属于 17 个协作区（分区）。B-X 会是中 X 设立在 A 省的代表处，在发展早期其活动地区主要为 B 市，后来其会员发展、公益服务实施逐渐扩展到 A 省 Q 市、D 市、J 市等地区。为便于管理，B-X 会还设置了总协作区（专区），负责对 B 市之外某一地区的几个协作区（分区）进行管理，其负责人称为总协调长（主席）。

服务队是 B-X 会的基层组织细胞，所有 B-X 会成员都要隶属于某支服务队。B-X 会的主任、第一副主任、第二副主任、服务队队长、第一副队长、第二副队长、第三副队长等核心职务的任职期限均为一年，通过

---

① 在中 X 的管理规章制度调整指引下，自成立至今，B-X 会的组织架构经历多次调整与优化，一些机构及其领导职务的名称也发生变化。如，代表处联席会议曾使用过会员代表大会的名称；B-X 会的负责人先后被称为"主席""主任"；作为 B-X 会的核心决策机构，"办公会议"先前的名称依次为"理事会""主任团队及成员"；作为 B-X 会的监督机构，"监督组"先前的名称依次为"监事会""监事团队及成员"。表 1-1 描述的是 2022～2023 年度 B-X 会的组织架构层级及相关负责人的名称。

推选产生。根据推选规则，第三副队长必须拥有为期一年的培训学习、公益服务经历，才有资格竞选第二副队长。接受规定的培训学习，成为会员通过职务推选、参与 B-X 会管理的必要条件，也增加了会员推选成功的概率。

2. 培训师资团队：讲师团、导师团

B-X 会设置"讲师团""导师团"两大培训师资团队。"讲师""导师"均由会员担任，在承担本地培训任务的同时，还通过外出交流学习或接受更高级别"讲师""导师"团队培训等方式持续性地提升自己的培训能力。

（1）讲师团与 X 会事务培训

"讲师团"隶属于第二副主任下设的全球领导开发团队（2022～2023年度，团队的中文名称调整为"教育培训委员会"），由认证讲师组成，侧重于 B-X 会日常事务的培训，重点开展领导人员及候任干部培训、事务管理及领导力培训、新会员培训、"逢五相约"事务培训。

第一，B-X 会具备较强的公益服务行动力，领导人员具备较高的素质是 B-X 会健康有序运行的必要保证，B-X 会重视对各工作委员会、基层服务队负责人及领导人员开展管理及领导能力培训，新会员培训也是增强成员组织认同、提升成员素质的重要手段。

第二，B-X 会的运行高度依赖于自身独特的组织架构，组织架构学习是 B-X 会常态化培训的重要内容："从服务队的组织架构到区会①的组织架构，再到中 X 的组织架构，我们都要去学习，通过了解组织架构，认清各个职位的岗位职责。"（F01，女，讲师团副团长，企业主）

第三，"逢五相约"事务培训。每月逢 5 日、15 日、25 日，在 B 市、A 市、D 市、Q 市、M 市等多地同时开展 X 会事务培训，确保事务宣讲的常态化、系统化。培训由讲师团主办，讲师团与相关工作委员会、协调区或服务队共同承办。

---

① B-X 会已通过国际 X 会标准区（"标准区"，英文为 District，缩写为 D）达标认证，获得"国际 X 会 Dxxx"的标准区唯一数字序号称谓，在参加国际 X 会国际或区域性年会以及开展国（境）外交流时，加以使用。

（2）导师团与组织建设指导

"导师团"隶属于第一副主任下设的全球会员发展团队（2022~2023年度，团队的中文名称调整为"组织建设委员会"），由认证导师组成，与服务队挂钩，侧重于指导服务队建设，主要对非正常服务队改造、弱服务队改善提升、新服务队创建等工作进行指导。

> 创队的时候，导师团都会派 1 至 2 名导师对其进行指导，因为有的 X 友（X 会会员间的互称）可能会说我以前没有当过队长，不了解创队流程或程序，但是导师会指导你，导师就是负责跟着你的，包括开例会、开展服务等，所有的活动导师基本上都会给予支持。（F02，男，荣誉表彰委员会主席，企业主）

"导师团"会收集整理相关信息，提供给有需要的服务队；根据年度工作计划，统筹指导各服务队开展组织建设与公益服务。

除依托"讲师团""导师团"开展培训外，B-X 会还会邀请中 X 及其他专业领域的相关人员进行指导。

（二）组织培训的分类

B-X 会将其设立的培训划分为：候任/履新干部培训、协调长培训、潜能 X 友领导力培训、地方 X 友领导学院培训、创队队长特训营、地方讲师发展学院培训、国际认证导师及导师内训、强健服务队蓝图引导师培训、宣讲师培训、新 X 友培训、"逢五相约"事务培训、服务队培训等类型。与此相应，X 会的培训课程大致分为以下四类：基础性培训课程、技术性培训课程、讲师导师培训课程、领导力培训课程。

其一，基础性培训课程。参加人员大多为刚加入 X 会的新 X 友或不熟悉事务的普通 X 友。一般从"认识 X 会""为什么加入 X 会""加入 X 会的意义""如何做好 X 会的公益事业"等四方面开展培训，目的是帮助受训者更加深刻地认识 X 会及其公益理念、愿景价值观，以更高质量地参与公益服务。

其二，技术性培训课程。参加人员大多为 B-X 会区会工作人员或负责、参与具体服务项目的服务队队长及队员。培训内容一般包括：财务知识培训、司库知识培训、秘书处日常工作知识讲解、创队流程与操作实务培训、服务队干事业务培训、救援知识技能培训等，还包括根据具体服务类型推出的其他培训课程。

其三，讲师导师培训课程。为 B-X 会培养"讲师""导师"而开展的培训，讲师和导师通过层层选拔产生并接受持续性培训。培训一般在上级 X 会或发展更成熟的其他地区 X 会机构举行。讲师培训的主要内容为 X 会组织架构、培训体系、课程管理、教学技巧与教学方法等；导师培训的主要内容为团队建设方法。

其四，领导力培训课程。参加人员为领导 X 友或候任干部 X 友，目的是培养更多更优秀的领导人员、推进 B-X 会发展，同时也为 B-X 会新一年度的办公会议、监督组成员、各专业委员会负责人、服务队长团队成员等候任干部做好上任准备。培训主要围绕创造性思维、有效沟通、团队领导、管理决策等内容开设课程。

（三）组织培训的流程

B-X 会的组织培训，一般具有较为固定的流程。

首先，准备阶段。①助教团和区会秘书处干事检查物资和设备，检视参训者的仪容着装，要求每位参训者穿着正装。②参训者领取胸卡和房卡，进入教室、自由分组。③负责拍摄、摄像的助教为每位参训者留下纪念镜头。

其次，讲课阶段。①鸣钟开训。培训主持人做自我介绍，班主任鸣钟开训。②奏唱国歌、诵读 X 会"道德信条"。③主持人介绍领导、嘉宾。B-X 会当届主任致辞，向受训人员表达期待，传递 X 会价值观。④班主任致欢迎辞、制定参训纪律，选出临时纠察、负责记录违反课堂纪律行为的会员，课程结束后，违反课堂纪律的人员要进行"乐捐"。⑤培训总讲师介绍课程概况。⑥培训开始。讲课过程中，设有茶歇、餐食和联谊活动。

最后，结束阶段。培训结束要举行结训典礼。①进行课程总结。②班主任鸣谢讲师、助教和全体参训 X 友。③有关领导致辞。④颁奖，以小组为单位颁发证书。⑤合影留念。⑥鸣钟结训。

（四）组织培训的方式

X 会的培训一般以课程讲授为主，有时也会采取讲座、经验交流及大型培训会议等形式。

在课程讲授中，常常通过头脑风暴、小组讨论、团队活动等丰富多彩的形式，吸引会员更积极地投入课程学习，更有效地掌握基础知识、服务技巧和领导管理方法。在经验交流中，来自全国各地 X 会的参训者通过问答的形式，坦诚深入地交流开展公益服务与团队建设经验。除由本地讲师团、导师团成员担任培训师资外，大型培训活动还会聘请中 X 公益学院的教师授课，专业性特别强的培训活动也会从社会上聘请相关领域的专业人员进行讲授。

培训场地一般为 B-X 会办公地点会议室，大型培训活动也常常预约酒店会场举行。

三 B-X 会组织培训的运行机制

（一）组织架构与组织培训的互构

完善的组织架构为 B-X 会的日常运行提供了结构保证，无论是在区会还是在基层服务队，都设置了专门负责培训工作的部门。区会的全球领导开发团队（教育培训委员会）下设讲师团，全球会员发展团队（组织建设委员会）下设导师团；每支服务队都设有"会员发展与保留委员会""领导力发展与培训委员会"，由第一副队长负责管理。部门与领导职务设置为培训开展提供了结构支撑，培训也为完善组织架构、规范组织运行提供了持久的驱动力。

1. 组织架构对组织培训的支撑

全球领导开发团队（教育培训委员会）、全球会员发展团队（组织建设委员会）以"讲师团""导师团"为依托，履行 X 会培训的管理职能，负责设计、组织与实施针对普通会员、领导 X 友与候任干部的各类培训活动。

B-X 会设置秘书处，秘书处处于组织运行的枢纽位置，设有秘书长、副秘书长、干事长、干事等职务。秘书处对组织培训的开展发挥重要的辅助支撑作用，与培训相关的许多具体工作都由秘书处承担与实施。

B-X 会对入会条件与入会程序进行了严格规定，申请者需要经过面谈、参与服务、培训、递交申请表、办公会议投票表决等流程后，才有可能获得批准加入 X 会。申请者在入会前必须首先参与公益服务活动、了解 X 会的管理运行方式、认同 X 会的公益理念与服务宗旨，参与培训是帮助申请者达到上述要求的重要手段："你要想加入我们 X 会，首先要参加培训，要参加会务学习，要参加例会，要参加服务。这些你都达到标准了，我们才能吸纳你成为 X 会的会员，所以 X 会就组织了很多培训。"（F03，女，服务队第三副队长，企业主）

2. 组织培训对组织架构的巩固

第一，培训与创建新服务队。X 会的组织目标是扶助弱势群体、提供优质公益服务，服务队是实施公益服务的基本组织单元，培训对创建新服务队具有至关重要的作用。在新服务队创建过程中，导师团会指派 1~2 名导师给予指导，陪伴与指引新服务队完成创队的所有基本环节。导师会为新服务队预约讲师进行培训，培训主要包括：说明会（认识 X 会）、第一次筹备会（开展文化培训）、第二次筹备会（开展架构培训）、第三次筹备会（介绍 X 会的财会制度、服务队筹备方法及成立典礼流程）、授证大会（服务队正式成立）等。培训为新服务队成立注入活力和动力，成为服务队创建的精神源泉。

第二，培训与招募筛选新会员。会员需要全额交纳会费，一般为每年3500 元（常年会费 2000 元、行政经费 1500 元），不按期交纳会被除去会籍。相对较高的会费使 B-X 会把新会员发展的重点放在拥有一定经济实力的中产阶层个体身上。潜在会员往往是在对 X 会拥有了充分认识、产生一定程度的认同后才会考虑申请入会，正式入会前参与服务、接受培训是必不可少的。经过严格选拔与系统培训才被批准入会的成员，对自己能够加入 X 会产生强烈的自豪感，高度认同 X 会"专业规范的公益组织"的形象。加入 X 会的高标准、高门槛使申请者在世界观、人生观与价值观等方面拥有较高的同质性，便于开设更具有内容针对性的培训课程。

第三，培训与发展保留会员。会员交纳会费与自愿捐款是保证 B-X 会运行的重要资金来源。为保留已入会会员、确保会员不流失少流失，X 会设立了"会员发展与保留委员会"。为吸引与发展新成员，讲师团每月都要开设相关培训，新老会员、感兴趣的社会各界人士都可以参加。培训涉及各个方面，尽力助推会员通过培训提升能力、完善自我。相比于其他组织，X 会特别注重人文关怀，强调在培训中传达对会员的关爱，培训课程之后常常举办联谊活动，通过情感慰藉强化会员对 X 会的组织认同。

第四，培训与领导职务轮庄。X 会实行领导职务轮庄制。服务队队长、副队长、B-X 会主任、副主任等核心职务的任职期限均为一年，每年要进行换届推举，目的是吸引与鼓励更多会员参与服务队及 X 会管理，为会员成为服务队及 B-X 会提供机会。轮庄制使每名会员都有机会进入领导团队、施展管理抱负、实现人生价值。而通过推选即将担任领导职务的 X 友，也必须参加规定时长的候任干部培训。轮庄制同样为组织培训提供了制度支撑与客观要求。

第五，培训与专业化管理业务的开展。X 会的运行涉及许多专业性工作与事务，为保证组织运行的规范化，B-X 会为财务、司库、法务、秘书处等领导岗位及专职工作人员开设了专业性业务培训，在强化领导 X 友与工作人员专业技能的同时，提升他们的精神境界，引导他们在不同工作岗位绽放光彩。

新服务队创建、会员招募与筛选、会员保留与发展、领导职务轮庄、专业化管理业务开展等管理制度，以及 B-X 会迅猛的发展势头，都对专业化、系统化的组织培训产生常态化需求，也为培训体系的建立与良性运行提供了支撑与保证。组织架构源于会员的行为建构，组织培训有助于强化会员对 X 会组织文化与运行模式的熟悉内化与合法性认同。正是在培训过程中，会员进入培训仪式构造的象征性世界中，不断赋予自己的行为特定意义。

（二）组织培训过程的仪式象征性维度

X 会的培训过程充满浓厚的仪式象征意味，包含签到、鸣钟开训、奏唱国歌、嘉宾致辞、合影留念、鸣钟结训等主要环节。这些仪式性环节承载着 X 会的公益理念与价值观，建构起独特的文化象征符号体系，对 X 会成员的身份建构与组织认同产生深远影响。

1. 彰显价值共识的象征符号体系

培训开始前，工作人员布置会场，悬挂培训条幅和醒目的"X 会"形象标志。标志上部写有 5 个英文大写字母，每个字母代表不同的单词，组合成 X 会英文名称的大写，有着倡导自由的氛围、开发智慧、维护国家安全与增进社会福祉的寓意。X 会形象标志、英文缩写字符构成的象征符号体系，传达出 X 会的基本价值取向，不断向身临会场的会员展现浓厚的象征意蕴。

2. 严格的着装规范

会员要遵循严格的着装规范，在公益服务、区会会议、国内外交流等不同活动场合穿不同的服装。会员在参加培训时要统一着装，佩戴名牌和徽章，身穿红色会服、白色衬衫、黑色裤子、黑色皮鞋，系戴特定领带或丝巾。整齐划一的会服着装，在符号表征的层面上，拉近会员彼此之间的距离、强化会员的群体归属感。

3. 系统化的仪式环节

开训仪式设置奏唱国歌与诵读 X 会"道德信条"的环节。奏唱国歌将其上升到民族与国家的层面，增强了仪式的神圣氛围，有利于引起参训者的情感共鸣。"道德信条"共八条、32 句、128 字，利用精练的文字，标识 X 会独特的公益价值观、服务理念及严格的会员行为规范。

仪式是价值观输出的媒介。会员齐声诵读 X 会的八大"道德信条"，不仅有利于增强会员的仪式参与感，还有利于强化会员对 X 会组织文化的认同，形塑会员"X 会一员"的自我认知；有助于引导会员在内化 X 会文化的基础上，将其转化为公益服务及日常生活中的外显行为，赋予"X 会会员"这一群体独特的精神气质与行为表征。

"鸣钟开训"与"鸣钟结训"也是 X 会培训过程的两个重要仪式环节。主持人敲击 X 会会钟产生的"视觉"与"听觉"双重刺激，强化了参训者共同在场所体验到的神圣感；鸣钟开训、鸣钟结训这两个时间节点，串联起在整个培训过程中参训者不断充实知识技能、提升自我价值的美好记忆，延续性强化会员对 X 会的组织认同。

4. 拟家庭化的语言称谓

X 会成员的语言称谓也蕴含独特的象征属性，具有鲜明的组织文化特色，体现出拟家庭化的组织内聚力。男性、女性会员互称"X 兄""X 姐"，所有会员统称"X 友"，会员经营的企业统称"X 企"。这种称谓全面渗透到 X 会运行与会员的人际交往环节中，迅速增加会员间的亲切感，让大家产生生活在 X 会"大家庭"中的感觉，共同形塑着会员对 X 会的组织认同。

公益组织是富含意义的网络结构。彰显价值共识的象征符号体系、严格的着装规范、系统化的仪式环节、拟家庭化的语言称谓，成为展现 X 会组织文化的象征媒介，组织培训也成为形塑会员对 X 会组织认同的重要平台。借助一次次培训，会员习得 X 会组织文化，就其意义体系达成共识，参与组织神圣性的建构，一步步形成与巩固对 X 会的组织认同。

（三）B-X 会的资源内循环与组织培训中的资源互换

1. B-X 会的资源内循环

X 会的宗旨是"正己助人，服务社会"。组织培训不但可以提升会员开展公益服务的专业性与技术性，还能对会员自身的成长产生帮助，有利于会员将培训时学到的知识技能应用于自身事业的发展、自身企业的经营，而会员职业的成功、财富的积累，又为其捐赠更多钱款、物资提供可能，由此便形成独特的资源内循环。此外，在多年工作生活中，大部分成员都积累了大量社会资源，为其参与公益服务提供了便利。正是这种资源积累、整合与交换的循环机制，推动了会员个人与 X 会的共同进步与发展，激励会员更加积极地投入公益服务与组织培训中，见图 1-1。

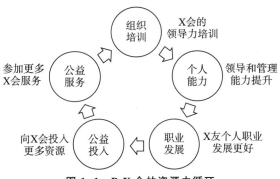

图 1-1　B-X 会的资源内循环

X 会的发展需要源源不断地补充优秀管理人才。培训激发会员潜在的管理才能，培养出更多更优秀的领导人员，为进一步开展更专业更优质的公益服务提供人力资源支撑。除常规培训外，B-X 会每年还会推荐部分优秀资深会员参加国际 X 会举办的领导力培训，这对会员，特别是领导会员产生非常大的吸引力。

> X 会的学习和培训是给会员最大的福利，有的课程我私下也会交钱去学，但是在 X 会的培训中，这些课程都是免费开设的。（F02，男，荣誉表彰委员会主席，企业主）

受访者表示，X 会的培训课程对自己是一种激励与福利，即通过培训，自己的语言表达能力有所提高，更加深切地感受到自身的价值，对周围事物的看法也更加包容和达观。许多担任领导职务的会员把 X 会当成能力锻炼的平台，把培训中学到的新的管理模式应用于 X 会事务管理，还尝试把那些有效可行的经验运用到自己企业的经营管理中。

2. 组织培训中的资源交换

> X 会文化让我觉得汇聚到 X 会中的朋友都非常正向，能够互相学习，共同服务社会。与此同时，我也收获了一份友谊、一份凝聚、一份成长，收获了对这个组织的一份追随。（F04，男，分区主席，

企业主）

X 友之间可能有一些商务上的交流。通过在一起培训、联谊和交流，多认识一些朋友，知晓彼此的商业需要。例如，你是做什么的，我要买什么东西，正好我有需求，第一时间我就会想到你。这就是 X 友互动，首先考虑的是 X 友互助。（F02，男，荣誉表彰委员会主席，企业主）

除了提供学习平台，X 会无形中汇聚的人脉、市场和商业资源也富有吸引力。培训将成员联结起来，会员在培训中可以获得宝贵的友谊、建立起丰富的社会关系网络，为彼此在培训之外开展业务往来、商业合作提供了机遇。从这一角度看，对会员个人来说，加入 X 会，不但可以参与公益服务，还可以额外获得更多的个人事业发展机会。B-X 会并不把这种衍生性"资源吸引"效应当成对外宣传、招募会员的吸引点，但这些潜在的资源与机遇已经是部分会员愿意在培训参与上投入大量时间与精力的原因之一。就为组织运行提供人力资源保障而言，吸引会员更积极地参与培训，是 X 会愿意看到的结果。

（四）公益服务与组织培训的相互促进关系

培训与服务相辅相成，既是 X 会保留成员的双保险，也是 X 会日常运行与持续发展的双驱动器。培训的初衷是为服务做准备，服务是培训效果的实践检验。培训为公益服务提供支撑与指导，会员通过参与服务实现自我价值、激发内心的满足感与幸福感，也有利于增进对 X 会的组织认同。

1. 公益服务驱动下的组织培训

服务是 X 会的灵魂，要正规开展服务，服务才是最好的保留。不是说一定要开展会员关爱或者怎么样，你每个月按时、正规地开展会务、服务，X 友就会不一样，认真参与，X 友对 X 会的认识也就不一样。能体现自己的公益价值，得到一定的满足，X 友就会留下来。

（F05，女，秘书处干事长）

　　鉴于 X 会组织架构的特殊性和组织文化的丰富性，新服务队创立初期，面对新会员加入及其急需熟悉规章制度规范流程的需要，B-X 会会为服务队配备两名指导 X 友，在随后两年内时时跟随服务队并提供培训与指导，直到该服务队的运行管理与公益服务完全步入正轨。否则，在新会员不了解 X 会组织文化与运行机制、不熟悉公益服务流程与技巧的情况下，贸然开展公益服务，很容易使新服务队刚一成立就遭遇挫折。

　　B-X 会以学习型组织定位自身，通过常态化培训来达成这一目标。共享学习的形成，必须以会员拥有共同的经历为基础；共享学习的必要条件是群体成员存在稳定持久的意义需求，这样才能促使不同的共享元素得以整合成特有的组织文化体系。参与公益服务的共同经历为组织培训中的共享学习提供了前提条件，有利于不断传播与强化 X 会的公益理念与组织文化，如图 1-2 所示。

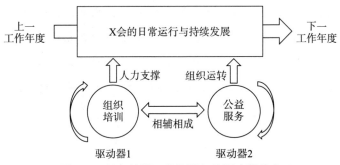

图 1-2　组织培训、公益服务的驱动器效应

2. 组织培训提升公益服务质量

　　X 会的培训常常根据会员在公益服务中遇到的实际问题，讲授开展公益服务所需要的理论知识，介绍先进前沿的服务技巧与服务方法，引导服务队成员深入思考如何开展服务项目、提升服务质量。培训不但可以为提升公益服务质量提供支撑，推动服务队及 X 会健康成长、规范发展，还可以通过持续性传播 X 会的组织文化，满足会员通过开展公益服务实现自我价值的精神需求。

在培训过程中，B-X 会会及时融入党和国家颁布的最新政策法规，引导会员及服务队在国家法律法规框架下规范开展公益服务，党的十九大报告、党的二十大报告的相关精神都被适时列入培训的重要内容。弘扬公益服务初心、制定服务项目预案、规范服务项目流程、开展精准公益服务、分享公益服务心得、向受助者传递爱与关怀，是开展公益服务培训的重要着眼点。

> B-X 会每个月都要开一次例会，在例会上要分享这个月我们做了什么服务，下个月要做什么，关爱要怎么做，怎样发展 X 友等。我们队去年帮助过一个孩子，他的爷爷奶奶都是残疾人，这孩子在三年前我们就开始帮助她，那时候孩子还很小。我们印象最深的就是领她上儿童公园去庆祝"六一"儿童节，我说你来过吗？她说没有，她说她长这么大从来没来过儿童公园。一个 B 市的孩子没有来过儿童公园，你听了会什么样？我们真的是含着眼泪，一起陪她玩，然后领她去吃肯德基，因为她也没有吃过。X 会的培训，就是让我们知道怎么去让这个孩子快乐起来。我们不是简单地给予她什么东西，而是去引导她快乐起来。然后，我们请一个 X 友家属给她补英语，我们去当她的爸爸妈妈，领她去玩一玩，我们是这样给予她一种爱。这就是 X 会的服务之一。（F03，女，服务队第三副队长，企业主）

四 组织培训对组织认同的形塑作用

培训有利于参训者分享公益服务经验、传递 X 会的价值观。组织文化作为中介，通过"文化传递"与"价值内化"的环节耦合，实现了由"组织培训"到"会员的组织认同生成"的逻辑链接。

（一）组织培训对组织文化的传递作用

组织文化彰显了组织价值观，旨在孕育和谐的组织环境，提升成员的组织认同，引导成员朝着共同的组织目标迈进，为其提供行为驱动力与规范准则。培训是对 X 会成员进行组织文化传播的重要途径。

1. 会员眼中的 X 会文化

X 会的文化有三点。第一就是慈善，通过培训赋予志愿者能力去帮助他身边需要帮助的人；第二就是轮庄文化，不管你做得好不好，职位设置为期一年，区会主席是一年，服务队队长也是一年；第三就是包容和理解，X 会里面有不同的人，在一起不容易，他是 X 友，你能包容他，你的心胸也就开阔了，之后你在日常生活中，对亲友也会包容了。(F01，女，讲师团副团长，企业主)

X 会的文化就是"正己助人，服务社会"。这不仅是口号，还是一定要做到的。这种文化体现在方方面面。成员去餐厅吃完饭之后，餐厅里、桌子上都特别干净；X 会参加任何一个野外活动，走的时候会收拾得相当干净；我们走到大道上，看到路上的垃圾一定会捡起来扔在垃圾箱里；我们开车时遇到行人，会慢慢停下来让他过去，这些就是文化。(F03，女，服务队第三副队长，企业主)

X 会的组织文化包含如下几个构成维度：信念与目标文化、制度与规范文化、多元与包容文化、学习与成长文化。

第一，信念与目标文化。X 会的组织培训特别强调信念的重要性，重视愿景、使命与价值观的传递。

B-X 会的愿景：成为 A 省公益事业的生力军。每支服务队也都有各自的愿景，比如，L 服务队的愿景是成为 B-X 会最受尊重、最具学习力的服务队，F 服务队的愿景是传播爱与快乐。

B-X 会的使命：关爱 X 友成长，完善组织建设；引领社区服务，践行人道主义；弘扬志愿精神，促进社会文明。

B-X 会的价值观：真诚、尊重、陪伴；包容、互助、进步；积极参与，乐于付出。

B-X 会的座右铭：付出，从我开始。

第二，制度与规范文化。组织架构与轮庄制度是 X 会组织文化的重要构成要素。会员不断熟悉 X 会的组织架构，还把其组织架构的精髓运用于自己企业的经营管理，这种日常生活实践反过来又加深会员对 X 会组织架构的认同。轮庄文化确保了 X 会组织架构的实际运行，会员也得以通过轮庄竞选成为领导 X 友，发挥自己的领导与管理才能，为公益服务与 X 会发展作出更大贡献。

第三，多元与包容文化。X 会成员有着不同的社会背景与成长环境，拥有不同的职业、性格与宗教信仰，这就要求会员在交流互动中具有包容心。在公益服务过程中，X 会倡导会员之间求同存异、为共同的公益目标放弃个人成见，通过包容他人修炼心性，真心真意、齐心协力地帮助与服务受助者。

第四，学习与成长文化。X 会不仅是公益、慈善与服务型组织，更是一所"X 会大学"，会员通过培训内化组织文化，不断学习、不懈追求、持续成长，通过参与公益服务，让自己的生活更加充实，找寻人生的意义与价值。

2. X 会组织文化的传递策略

第一，创造共同性语言与表述体系。共同性语言和表述体系，使组织成员之间的理解和交流成为可能。在培训过程中，讲师用 X 会特有的"语言"进行培训，参训会员一律互呼"X 兄"、"X 姐"或"X 友"，会员经营的企业统称"X 企"。在培训中，讲师与参训会员之间的问候语也是特定的，课程开始前授课讲师会说出"X 兄 X 姐大家上午（下午）好"的开场白。

第二，定义群体边界、标定身份差异。X 会吸纳会员有一定的门槛，新会员入会要通过专门仪式认可，要诵读入会承诺，由指导 X 友及资深 X 友为新会员佩戴徽章。在 X 会的身份标识符号体系中，不同服务队的徽章有所不同，不同层级领导会员佩戴的徽章也有差异，借此来标明与区分不同的身份，激励会员为个体、服务队的荣誉不懈努力，为 X 会发展作出更大贡献。

第三，以岗位与职责为核心的组织架构。B-X 会专门开设普及组织架构与岗位职责的培训课程，引导领导人员及普通会员在"人岗匹配"的原则下尽职尽责、优质高效地完成肩负的职责与任务。在培训中，讲师会讲授区会及服务队组织架构、干部责任分工、服务队队长任期责任及 B-X 会办公会议构成等知识。轮庄文化与选举文化也是培训的重要内容。

第四，培育友谊与亲密关系。B-X 会的大型培训活动一般都设有联谊环节，培训中的团队建设版块是成员相互认识、增进了解、加强合作的重要方式，培训为 X 会成员凝聚情感、获得友谊提供了良好平台。

第五，界定与分配奖励。B-X 会每年都要举行换届大会，除完成领导职务轮庄外，还要奖励为公益服务与 B-X 会发展作出杰出贡献的个人与服务队，获奖者在换届大会上接受表彰、领取徽章与证书。为此，B-X 会设立荣誉与表彰委员会，专门负责荣誉奖励的评选、表彰会议的筹划实施。

3. 会员对组织文化的内化

通过培训，会员学习、内化 X 会的组织文化，不断增强自身的归属感、使命感、责任感、荣誉感和成就感，依照规章制度规范自己的行为，通过参与 X 会管理与公益服务，发掘与实现人生价值。

（1）会员对 X 会精神文化的内化

第一，组织文化有利于会员建立组织认同。组织文化为会员提供心灵成长、学习提升、参与慈善服务的平台。X 会重视通过会议、培训与联谊等方式促进会员之间的沟通与交流。借助常态化的培训与公益服务合作，增进会员之间的相互了解，使其明确自己的角色定位，在认识自我的同时逐渐得到他人认可，促使会员逐步建立组织认同。

第二，组织文化激发会员的使命感。B-X 会拥有明确的愿景、使命和价值观，倡导"正己助人"的价值理念，为统合"会员个人的人生目标"与"X 会的组织目标"提供可能，使会员逐渐认识到"X 会的发展对自身的发展具有重要帮助"。在参与公益服务过程中，会员得以完成自身的使命，实现人生价值。

第三，组织文化增强会员的责任感。培训不断向会员灌输"家"的意识，引导会员认识到，X 会是每个成员共同拥有的"家"，它的发展壮大离不开每个成员的努力，每个成员都要对 X 会负责。培训在一定程度上提升了会员对 X 会的归属感与责任感。

第四，组织文化赋予会员荣誉感。在 X 会，"被肯定"是每位 X 友的核心追求。每位 X 友都希望自己在所属服务队、所担负职务上帮助更多受助者、作出更大贡献、获得 X 友与 X 会的更大肯定。X 会拥有系统完善的荣誉表彰制度，种类多样的证书、奖章与荣誉表彰对会员具有强劲吸引力。荣誉表彰制度是 X 会培训课程的重要内容，对会员发挥激励作用。

第五，组织文化强化成员的成就感。培训强化会员对 X 会文化的崇拜，引导会员服从组织安排、尽心竭力地完成服务队分派的任务，助力服务队与 B-X 会取得更大的公益服务成就，服务更多需要帮助的受助者，使会员增强对 X 会服务与发展成就的自豪感。

（2）会员对 X 会制度规范的内化

第一，对 X 会组织规范的了解。在培训中，通过讲授罗伯特议事规则，帮助会员了解民主决策的流程；在公益服务实践培训中，剖析规范性的服务流程，培养参与服务需要具备的能力与素质，传授提升公益服务质量的方法："虽然 B-X 会成立的时间相对较晚，随着组织文化的逐步植入，随着会员对 X 会事务学习程度的不断加深，B-X 会的队伍一定会越来越大，将来社会上会有越来越多的爱心人士加入这个组织。"（F03，女，服务队第三副队长，企业主）

第二，对组织制度的内化。X 会拥有完善的组织架构，每个职务的权力与责任都得到详细规定。在长期发展过程中，X 会对会员的约束不仅依赖刚性的制度规范，更依赖 X 会独特的价值信念与组织文化对成员的持久指引、持续驱动。对组织制度的内化是常态化培训的重要内容。

第三，对行为规范的内化。通过培训，引导会员把 X 会的行为规范要求带入日常生活，用更高标准约束与激励自己的行为。培训期间，只要提及某项行为规范很重要，会员们就会静静听讲、认真记录。培训引导会员把 X 会倡导的行为规范视为理所当然、内化到心灵深处，正能量、多元包容、积极向上逐渐转变为会员前反思性的信念，为其行为注入动力。

第四，对组织成员的凝聚作用。会员在选择加入 X 会时，首先考虑的往往是帮助他人、收获快乐。而会员愿意继续留在 X 会里，不仅是因为 X 会提供的各种条件与机遇，更重要的是 X 会满足了会员实现自我价值的需求。"相亲相爱"的组织文化给会员带来"家"的感觉。"分享文化"在培训中无处不在，课程结束时，讲师、参训者会分享自己加入 X 会、参与公益服务的感受与收获，引导会员对 X 会未来保持信心，激发会员的情感共鸣，增强 X 会的凝聚力。

（二）组织培训对 X 会成员惯习的影响

经过组织培训，成员在行为方式、精神境界和公益实践上都产生明显改变，逐渐形成带有 X 会烙印的独特"惯习"，即具有独特标识性的性情倾向与行为才向（布迪厄，2022：35）。从布迪厄的视角看，惯习作为知觉、评价和行动的分类图式构成的系统（布迪厄、华康德，1998：171），作为一切个人经历的产物（布迪厄，2022：101），是 X 会成员参与公益服务及组织培训的独特收获。

1. 组织培训与 X 友行为方式的改变

> 领导力培训能够让你知道如何成为一个领导。小到言谈举止，大到价值观念。我以前是一个腼腆的人，说一句话就脸红，不自信，经过培训，我知道自己并不比任何人差，一次次的演讲培训，使我敢于在别人面前讲话，这对于自己的心性也是一种修炼。领导力培训还能让你知道如何管理团队，通过培训，我知道了如何管理难管且比你年龄大的人，从而达成服务目标。这都是在 X 会的培训中学到的。（F06，男，社区委员会主席，企业主）

许多受访会员表示，通过培训，面对生活中大大小小的事情，自己有了更强的自制力，会更自觉地严格遵守社会公德；通过培训，自己在领导能力、沟通技巧、演讲能力等方面得到明显提升，学会把学到的知识技能运用到自身企业的管理中，同时企业运转良好，也使自己拥有更多时间精力去参加更多的公益服务。

入会仪式有利于增强会员的荣誉感与责任感，培训帮助新会员更好地完成身份与角色的转变；知识能力的学习让会员们得以拥有成为领导者的必备素质；担任不同领导职务有利于会员逐渐拥有特定的行为模式；循环往复的培训促使会员的管理能力得到持续性提升，使其逐渐具备担任更高级别领导职务的能力。

2. 组织培训与 X 友精神境界的改变

培训后，我的知识面得以拓宽，收获了正能量，体验到一种爱，每参加一次服务、参加一次学习，都会接触一群正能量的 X 兄 X 姐，使我对待事物和生活更有爱心、更加积极向上。（F04，男，分区主席，企业主）

培训对成员具有凝聚和提升作用，X 兄 X 姐培训回来之后，精气神都不一样了，充满了正能量。（F07，男，服务队第三副队长，企业主）

通过培训，我更加有包容心。在培训中我学会关爱别人、包容别人。（F08，女，艺术团团长，企业主）

上述访谈材料表明，经过培训，会员们更具包容性，更加自信，更加懂得关爱与尊重他人，眼界和格局也发生改变，思考问题更加全面，在生活中也更加积极向上、充满正能量。

3. 组织培训与 X 友公益实践的改变

通过培训，我能更好地去服务、去开展服务项目。如何开展服务项目的培训，涉及项目源起、项目背景、项目实施和项目监控。通过培训，我们的服务也越来越专业。（F09，男，服务委员会主席，企业主）

我们每个月都要开一次例会，每个月都会有一次培训，每次例会和培训后都会组织联谊，也就是说我们一个月至少见一次面。我们之间会分享这个月做的服务、下个月要做什么、关爱要如何做、X会要怎样发展。在培训与例会中，每个人都投入讨论中，非常热烈。（F03，女，服务队第三副队长，企业主）

制度规范培训、专业技术培训，提高了会员提供规范化、专业化公益服务的意识与能力，增强会员通过公益服务获得的幸福感与满足感。经过培训，会员的公益服务技巧与公益服务水平得到提升，会员们参与公益服务的频率更高、服务时间更长，提供的公益服务也更加专业。

培训为会员在诸多方面发生改变注入动力：会员的行为方式与精神面貌得以发生质变，更加积极投身公益服务，在公益服务中获得强烈的满足感，"一起做公益"的共同经历无疑强化了会员对 X 会的组织认同。

五　培训与公益组织认同生成的研究发现

培训是会员形成组织认同的客观催化因素。会员在培训中熟悉 X 会的组织架构、组织规范与组织文化并将其内化为自身的行动指南，逐渐明晰与认同自己的组织角色，对 X 会产生明确的归属感，组织认同逐渐形成，由组织培训到组织认同的形成是一个持续的过程，如图 1-3 所示。

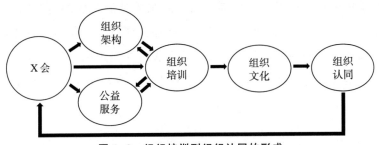

图 1-3　组织培训到组织认同的形成

通过研究，可以得到如下发现。

第一，组织架构与组织培训存在双向建构关系。组织架构对组织培训具有支撑作用，组织培训对组织架构进行持续性完善。明确设置负责成员发展与领导力提升培训的领导职务，促进了培训体系的形成与完善，组织培训在 X 会的组织架构中处于核心地位。加入 X 会、担任领导职务必须参加相关内容的培训，这也为组织培训体系的建立与延续提供了制度化需求。

第二，公益服务与组织培训相互促进。X 会的公益服务实践产生了培训需求，培训传授的知识与技能有助于解决开展公益服务过程中遇到的问题，有助于提升会员的公益服务参与意愿及公益服务质量，引导服务队及 X 会规范化发展；良好的公益服务体验，有利于提升会员的满足感、幸福感与自我价值感，提升会员对组织培训的认可度与满意度，由此，会员的组织认同感得以提升。

第三，组织培训传播组织文化，组织文化改变、提升组织成员的行为方式、精神境界，影响其公益服务实践。组织文化统一成员的价值观，使成员对组织产生强烈的归属感与认同感，形塑体现 X 会组织文化印迹的性情系统、行为方式等外显性表征。通过组织文化的中介作用，组织培训与组织认同生成之间的逻辑关联得以贯通，组织培训对组织认同生成的强化作用得到证实。

第四，组织认同对强化公益组织的行动力至关重要，强化与完善组织培训势在必行。应建立科学系统的培训体系，运用多元化方法开展培训；应注重开展服务能力培训，确保组织培训与公益服务实践的紧密结合；在组织培训中要注重组织文化传播，提升组织成员的归属感与共同体意识；组织培训要关注组织成员的个人发展，在提升成员专业化服务技能与领导能力、保证成员顺利参与公益服务、满足成员在组织内开展资源交换需求的同时，也要强化对组织成员的情感关怀，为成员个人事业的发展提供支持。

第二章　公益组织的激励模式

一　研究问题与研究方法

（一）破解公益组织激励性不足的难题

公益组织是基于共同的公益理念、价值观与社会责任感而形成的公益服务类社会组织，具备独特的组织目标：培育民众的公益意识，集聚各类社会资源，开展公益性服务，推进公益事业发展，满足人民群众的美好生活需要。公益组织不以获取最大利益为核心目标，而是以实现公益性社会使命、增进社会福祉、参与社会建设为核心宗旨。

据民政部统计，截至2023年9月，我国登记认定的慈善组织已经超过1.3万家，公益慈善力量在脱贫攻坚、乡村振兴、科教文卫、生态保护、应急救援等方面发挥了积极作用。成员激励对组织运行与组织发展具有重要影响。与政府部门以科层制约束为引导、企业组织以薪酬回报为刺激相比，公益组织的民间性、非营利性、公益性特征，导致公益组织与其成员之间缺乏有效的权力机制传导、清晰的经济利益联结，公益组织普遍面临激励难题（徐琳，2023；张怡，2023）。

当代中国，部分公益组织的运行存在组织架构松散、凝聚力不足、规模扩展停滞、组织绩效低下等问题，缺乏有效的激励手段是上述症结的重要成因（陈秀峰、黄小荣，2009；陆海燕，2014；张颖，2016），对公益组织的运行与公益目标的实现产生负面影响，甚至使公益组织偏离良性发展的轨道。与之相比，X会在发展中形成的有效激励模式，为研究组织激励问题提供了恰当个案。

截至 2023 年 3 月，B-X 会已经拥有 102 支服务队 2814 名会员，公益服务涉及助残、扶困、赈灾、助学、敬老、环保、公共卫生、文化传播等领域，成为 B 市及 A 省社会建设的重要推动力量。与其他相近类型的公益组织相比，B-X 会在"职务推举晋升""公益服务荣誉表彰""服务团队建设竞争"等方面形成的独特激励模式，具备良好的激励效应，为提升组织绩效、实现公益服务目标提供了制度支撑与行动力保证，对探索适合公益组织特殊性的一般激励模式具有启发意义。

（二）研究方法

其一，参与式观察。研究者在 B-X 会秘书处实习，参与了荣誉表彰、执委会会议、公益活动启动仪式、慈善晚会等各类活动 12 项，选取有代表性的职务晋升、荣誉表彰会议及仪式作为观察对象，进入会议、仪式现场，对 B-X 会的组织激励模式进行实地观察。

其二，结构式访谈。在 B-X 会秘书处协助下，通过滚雪球的方式选取 20 名 X 会会员，包括普通会员与担任领导职务的会员，根据设计好的访谈提纲，聚焦各类组织激励模式对 X 会会员、对 X 会组织绩效产生影响的机制开展细致访谈，将访谈获得的信息与参与式观察的发现进行对照分析。

二 公益组织的晋升激励模式

职务推举晋升是 B-X 会重要的激励模式。目前，X 会已经建立起完善的组织架构与规章制度，引导会员积极参与公益服务及 X 会管理，激励会员在不同类型、不同层级领导职务之间实现晋升推举，为 X 会发展作出更大贡献。

（一） B-X 会的职务推举晋升机制

B-X 会的领导人员采取轮庄制，大多数领导职务的任职期限是一年，一年后重新推举、换届交接，由低到高逐层实现领导职务的晋升。从基层领导服务队队长，中层领导办公会议成员、监督组成员、各工作委员会负责人，到高层领导 B-X 会主任、监督组主任，各层级的领导人员都要通过特定的程序推举产生。推举前，要按照相关条例对参选者进行任职条件筛选，审查合格方可参加。大多数领导职务的参选者需要担任过服务队队长。

1. 基层服务队领导的职务推举晋升

服务队是 X 会的基本组织单元，队长团队最贴近 X 会的一般成员，直接承担 X 会的会员管理、会议培训、公益服务等基础性工作，是 X 会会员追求个人发展、实现向上职务推举晋升的基本起点。

在队长团队中，不同职务承担不同工作，推举方式也不同，主要采取等额推举和差额推举两种方式。

服务队队长、副队长的推举资格审查主要考察工作经历、获得荣誉、参与培训、服务经费捐款情况。担任服务队队长及队长团队成员后，会员可以参与服务队重要事项的决策、对服务队内部事务进行监督。

2. 办公会议、监督组、各工作委员会及其领导职务的推举晋升

B-X 会设置办公会议与监督组两大组织机构，根据需要设立各专门性工作委员会，对相关领导职务的推举晋升具有明确要求。

（1）办公会议、监督组、各工作委员会的构成与职能

办公会议成员经代表处联席会议推举产生、中 X 批准后任职。其主要职能包括执行中 X 和代表处联席会议决议；制定代表处年度工作计划和财务预算；向联席会议作工作报告和财务报告；根据联会章程、工作规则等规章制度，制定代表处相关工作实施细则；研究决定其他重要事项。

中 X 监事会根据各地 X 会监督工作需要派出监督组。监督组成员包括主任、副主任与监督专员，监督专员由代表处联席会议推举产生、联会批准后任职，监督组副主任从监督专员中民主推举产生，监督组主任由中 X 监事担任。监督组的主要职能包括执行中 X 监事会工作安排和代表处联席会议决定；向联会监事会和联席会议报告工作；监督本地区代表处主任办公团队工作；根据联会章程、工作规则，制定监督组相关工作实施细则。

B-X 会根据中 X 专门工作机构设置相对应的若干个专门性工作委员

会，各委员会设置主席、副主席、委员，由当届 B-X 会主任在符合任职条件的会员中任命，委员会负责人可由办公会议成员担任。

（2）办公会议、监督组、各工作委员会领导职务的推举晋升标准

办公会议、监督组、各工作委员会负责人及成员，任职期限都是一年。候选人在学习培训、事务管理、缴费捐款、公益服务、荣誉表彰等方面的表现与工作业绩，是其是否具备推举资格、通过联席会议推举、获得职务任命的重要考察因素。

办公会议成员是 B-X 会的核心领导团队。办公会议成员推举的资格审查相比于服务队队长团队推举更为严格，资格审查要点如表 2-1 所示。

表 2-1　B-X 会办公会议成员推举资格审查要点

申请推举 职务类型	办公会议成员
推举资格 审查要点	①候选人的政治素质、遵纪守法、身体健康状况良好； ②候选人认同中国 X 会和 B-X 会的规章制度； ③为 B-X 会发展作出突出贡献； ④具有较强的领导协调能力，享有较高威信； ⑤担任过一届服务队队长或办公会议成员； ⑥会籍所在服务队队长团队表决同意推举参选； ⑦候选人在经费捐款、服务实践、推进服务队发展等方面应达到相关标准； ⑧积极参与 B-X 会各个层面的会务、服务与培训活动。 通过推举产生的办公会议成员一般应满足上述条件。

监督组、各工作委员会成员的推举，与办公会议成员推举的资格审查遵循相同的审查原则，具体要求有所不同，此处不予赘述。

（二）晋升激励的运行机制

1. 推举晋升前的达标激励

为达到推举资格审查的基本要求，拥有职务晋升意愿的会员必须严格约束自己、努力提升领导管理能力、认真履行岗位职责、通过公益服务为 X 会发展作出重要贡献，在公益服务实践、服务经费及物资捐赠、会员发展与保留等方面倾力参与、积极捐赠、努力感召，证明自身足够优秀，具备担任 B-X 会领导职务的应有素质。

　　B-X 会设有"四出"统计委员会，"四出"统计委员会与秘书处干事团队合作，对会员参与 X 会活动的情况进行详细记录，重点记录会员在公益服务中"出心、出力、出席、出钱"即践行"四出"精神的表现。在会员参与领导职务推举、申请荣誉奖励时，统计委员会可以对照相关记录进行严格审核。会员们也可以随时申请查阅"四出"记录，对照职务晋升目标应当具备的资质，找准差距，及时激励鞭策自己，在捐款、参与服务、参加培训、参与管理等方面加倍努力，彰显自己对服务队与 X 会发展的价值与贡献。

　　B-X 会的中高层级领导成员一般都拥有服务队队长"毕业"（指担任过服务队队长并顺利卸任）的经历。《中国 X 会工作规则》规定，筹建新服务队必须满足人数要求。这一规定无论对服务队创队队长还是对后续的队长团队成员，产生的激励作用都非常明显，在规章建设、X 友发展、会员保留、捐款捐物、公益服务等方面产生强劲的达标牵引效应。

　　　　我们 T 服务队创队时共 6 个人，我们 6 个人每人又介绍 5 名 X 友。我们介绍的这些 X 友不能是同行，同时要求入会 X 友年收入超过 100 万元且入会会费交纳 1 万元。这种条件就是优中选优，会员凝聚力、服务能力都较强。到现在为止，服务队 40 个人 40 个行业、每名 X 友的年收入都高于 100 万元，服务队的建设完全实现了创队成员的梦想。（F10，男，光明行委员会副主席，企业主）

　　具备协调、管理和领导能力是参与职务推举晋升的重要基础，激励拥有晋升意愿的 X 友积极参与各类会议、培训与服务活动，以积累公益知识、拓展公益视野、磨炼服务经验。在推举晋升到办公会议成员的领导层级后，不同于服务队队长的基层综合性职责，丰富多元的领导岗位工作异质性强，X 友在职务选择上有较大空间，往往会考量自己的个人特质，选择更适合自己的领导职务。办公会议成员一般担任不同职务，这对 X 友的沟通协调、领导管理能力又提出更高要求，对 X 友不断完善提升自己形成持久性激励。

要想担任领导职务，首先要做好本职工作，本职工作做不好是不能继续往上走的。我所在的 L 服务队服务做得出色，尤其是社区服务。在社区服务上的不断积累也让我有了许多心得。B-X 会服务项目委员会恰好有一个社区项目我比较感兴趣，所以我就主动申请了服务项目委员会主席的职位，忠于所事、勤勉敬业。例如，在我任职期间，有 100 余支服务队签约社区，且它们在社区中都能拥有服务基地，之后又大力支持这些服务队，教会他们如何做社区服务、帮助他们申请服务经费，促成各个社区服务尽快落地。（F11，女，服务项目委员会主席，企业主）

2. 职务推举晋升后的长效激励

担任领导职务为实现自己作为普通会员时形成的服务项目实施、服务队及 B-X 会团队建设的理想抱负提供了可能，这种对成就感的渴望是激励 X 友在担任领导职务后保持旺盛的公益服务动力的重要源泉。推举晋升激励不是瞬时的，而是具有长期效应，不会在会员晋升领导职务后马上消失，对会员的鞭策往往会持续很长时间，甚至在其卸任领导职务后仍然发挥作用（见图 2-1）。

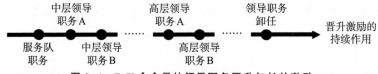

图 2-1 B-X 会会员的领导职务晋升与长效激励

（1）服务队队长的责任激励

服务队队长是最贴近普通会员的基层领导，事务繁多、责任重大，身为 X 友引导者，要主持会议、号召捐款、开拓服务、建设团队，面对方方面面的工作，只有率先垂范、尽力做到最好，才能确保本服务队取得优异成绩。

担任队长首先要承担责任，不断要求自己带好服务队，找到好的服务项目并实施，让会员满意度百分之百，完善队内的规章制度，让大家体会到服务的快乐。在具体实施上，要起到带头引领作用，捐款一定捐最多、会议全到场、活动按时参加。(F12，男，服务队队长，企业主)

X友F13曾是一支服务队的创队队长。回忆起创建服务队、推动服务队建设、提供高质量公益服务的经历，他认为创队队长的责任激励他一直努力提升自己的能力。

我在服务队创队之初就问过自己两个问题，即我们要创建一支什么样的服务队？为什么创建服务队？并给出了确定性的回答。我们要创建一支杰出服务队，这个服务队要扎扎实实地为老百姓服务，让每一名X会会员收获成长、促进X友凝聚。作为创队队长，我拥有一种使命感。在明晰服务队价值体系、感召认同价值体系的X友的基础上，在朋友的支持和认可下，我半个月创成整队。在B-X会工作中，我的成长是分阶段的，我去过北京、广东、台湾等地X会学习，发现服务队最重要的是踏踏实实做服务，要几十年如一日做一个项目。(F13，男，党支部副书记，企业主)

（2）不同领导职务轮替的责任激励

不同的领导职务具有不同的工作责任，也对X友们的综合素质提出不同要求。

作为会员、作为导师团团长、作为创队队长以及作为区会理事，我看到的层面是不同的。导师团团长的职责是指导服务队建设、陪伴服务队成长；创队队长要创建一支新服务队、成为标准的杰出服务队，创队队长不仅要自己成长，还要协调整个团队，锻炼自己的协调和沟通能力；全球会员发展委员会主席，要支持每一支服务队的队员发展和保留工作，一步步引导每一支队都成为杰出服务队；服务项目委员会主席对服务的理解又从服务队上升到全区，其要考虑整个区会的全年捐款数、大型服务项目、社会影响，促进全区的每支服务队都

扎实服务。（F14，女，秘书处干事/服务部部长）

领导职务的责任要求 X 友在管理、服务、捐款等方面尽职尽责、作出表率。面对不同类别、不同层级的领导职务转换，要想立足更高平台、更深度地参与 X 会事务管理、参与更加丰富的公益服务、结识更多更优秀的公益活动伙伴，就需要更大程度的投入。

> 担任领导职务后，我每年都捐款几万元，每年都用几个月的时间参与举办和平海报活动项目，并且个人承担所有和平海报项目差旅、备品经费。这是我所在职位的责任。（F15，男，和平海报委员会秘书，企业主）

担任领导职务的经历对 X 友的影响贯穿其随后的生命历程。这种激励长期发挥作用，不仅鞭策 X 友在 B-X 会倾力付出，还对 X 友的个人生活产生影响。担任领导职务不仅意味着责任和义务，还带来个人的成长与进步，让 X 友在管理能力、职业素质、视野格局等方面有所提升，进一步激励 X 友为公益事业与 X 会发展继续努力。

> J 服务队的一位 X 兄，一年的时间，从腼腆、不善言辞，到担任三副，积极付出。尽管他最开始时不擅长表达，但是大量付出让他脱颖而出、不断成长，现在主持例会、大会发言，滔滔不绝。个人的成长自己的感受是最清楚的。X 会历练了你，让你更优秀，你就更加热爱 X 会、不会离开 X 会。（F14，女，秘书处干事/服务部部长）

（3）卸任领导职务后的激励延续

担任领导职务产生的责任感与使命感，不会因为卸任而消失，过往的领导经历会带给 X 友源源不断的激励。

> 虽然已经卸任基金筹款领导工作，但累计服务捐款在 60 万元以

上、成为 X 会终身星级会员、保持所有会议全部参加、所有捐款以身作则、所有付出走到前面，仍然激励着我。（F16，男，副秘书长，企业主）

担任领导职务的经历使卸任 X 友深知工作的不易，在面对继任领导时，会更加积极配合后者的工作。

担任过服务队队长之后就知道队长真的很不容易，无论是时间、金钱还是努力付出都是最多的。因此，毕业队长卸任后，在各个方面都会支持新任队长，形成良性循环。毕业队长不一定要争取走在最前面，但对各项工作一定是积极支持的。（F11，女，服务项目委员会主席，企业主）

从马斯洛的需求层次视角看，自我实现是个体最高层次的需求。X 友积极投身 X 会管理与公益服务，为成为领导 X 友或完成领导 X 友职责而"出心""出力""出席""出钱"。职务晋升的路径、责任及带来的成就感不断激励 X 友在公益服务道路上砥砺前行。

（三）晋升就职仪式与象征性环境的激励强化效应

1. 晋升就职仪式的激励作用

隆重的仪式可以强化职务推举晋升的激励作用。领导职务的晋升就职仪式主要在换届大会上举行。以服务队换届大会为例，常规性环节包括：服务队现任队长向前任队长致敬，寓意感恩及服务队传承；现任队长作工作总结报告；对过去一年作出突出贡献的 X 友进行表彰并赠送礼物；新任队长团队就职；B-X 会主任为新任队长佩戴队长绶带，主持会钟、会锤交接仪式；领导 X 友为服务队新会员佩戴年度主席徽章；新任队长发表就职演讲，对接下来一年的服务、捐款、会员发展与保留作出承诺。

换届、就职仪式主要传达三个核心意涵——传承、肯定与期待。这种在众多 X 友注目下的身份转换以及权力交接、就职演讲，代表广大 X 友与领导团队的肯定、见证与监督。浸润组织文化意涵的象征仪式，在强化会员组织认同的同时，更强化了会员的自我认同，有利于增强会员的使命感和荣誉感，提升了晋升就职仪式的激励效果。

> 在换届大会上上台宣誓、在主任及 X 友的见证下进行交接，给予我极大的鼓舞与激励，让我更有使命感和荣誉感。（F15，男，和平海报委员会秘书，企业主）

2. 象征性环境的感染激励

在完成职务推举晋升后，领导 X 友会进入一个与他们的身份相对应的象征性环境，这对领导 X 友的身份建构及组织认同具有深远影响。

B-X 会每年最多推举产生 29 名办公会议成员，承担 B-X 会的常务工作，这是最核心的领导团队。办公会议成员除与其他 X 友一样配发红色会服外，还另外配发一套服装，作为办公会议活动等相应场合的穿着。区别于其他 X 友，办公会议成员服装是白色的，这种差异形成激励性象征符号。X 友从象征符号中不断汲取力量，身份地位的认可和责任使命的差异性显现，有利于激励 X 友，特别是领导 X 友在会务管理与公益服务中更加倾力付出。

在个人能力和工作付出达到推举标准后，通过推举实现职务晋升，意味着 X 友个人得到其他会员及 B-X 会的认可。通过一些并未明确规定但不言自明的规则，B-X 会给予担任领导职务的 X 友高度尊重和特殊待遇。

象征性程序作为重要的差异性表达，强化了 X 友们对职务推举晋升的渴求，这些象征性程序体现在主持会议、会议发言、座次安排等差异性设置方面，能够不断强化领导 X 友的荣誉感与责任意识，对其形成持久激励。

B-X 会的会议一般由当届主任或副主任主持，会议会邀请领导 X 友发言；一些交流活动也会安排领导 X 友参加；一些重要场合，会邀请领导 X 友见证并发表讲话。B-X 会的各种例会、培训与服务活动，已形成严格明确、层级分明的座次设置、出席介绍、发言顺序安排，会放置桌牌并按职务区分座次，在举行服务活动时也会着重介绍参与活动的领导 X 友。通过"出席""出场"的差别性象征展示，给予领导 X 友阶层性的尊重。

这种差异性不断强化领导 X 友在"公益服务""捐款动员""会议培训""联谊交流"等公益活动及象征性空间中的自我身份认知，提醒领导 X 友更积极参与公益服务及 X 会事务管理、更尽心地完成仪式和象征性角色扮演，行使领导 X 友权力、为普通 X 友作出表率。

> 这是 X 会的传统，在各种会议、活动的场合中，通过座次设置、出席介绍等一些形式内容，给予 X 友充分的尊重，很多 X 友确实很重视这种形式性的激励。(F13，男，党支部副书记，企业主)

（四）轮庄制与晋升激励的互构

多元化领导职务的设置让会员拥有尽可能多的机会担任不同类别、层级的领导职务，有利于对会员产生更大范围、更深层次的晋升激励。这种晋升激励模式的有效运行得益于 B-X 会的领导职务轮庄制度（见图 2-2）——从服务队队长到 B-X 会主任，大多数重要职务的任职期限是一年，届满后，能力再强也必须卸任。轮庄制蕴含着 X 会独特的组织文化精髓，即"让会员的成长速度大于组织的成长速度"。

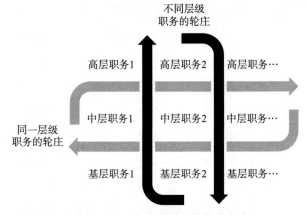

图 2-2 B-X 会领导职务的轮庄制度

1. 轮庄制为职务推举晋升提供空间

与企业的营利性不同，公益组织的领导工作更倾向于贯彻公益理念、推动公益服务，这为实施轮庄制提供了可能，使更多会员有意愿、有机会担任不同层级的领导职务，更好地实现自己的公益理想，随之产生强劲的晋升激励作用。

与此同时，轮庄制也符合会员的构成特性。B-X 会的会员主要来自企业主、律师等中产阶层群体，他们兼职参与公益服务。尽管会员们的公益服务参与热情高、"四出"奉献良好，但繁忙的本职工作使他们不可能百分之百地投入 B-X 会的管理与公益服务。一年任期使担任领导职务的 X 友不会被长期束缚在同一岗位上，避免了长期任职可能导致的精力疲惫和工作懈怠。

在轮庄制基础上，只要满足相关条件就可以参与相应领导职务的推举。不同层级领导职务的依次推举晋升，有担任意愿的会员对此会充满新鲜感：某一会员可能今年担任服务队秘书，事无巨细地参与服务队的活动与服务，明年通过推举担任司库，掌控服务队出账入账、收支平衡、服务经费行政经费比例，接下来逐步担任服务队副队长、队长，参与重要事项的决策与实施，继而到 B-X 会区会的各个专业委员会任职，甚至走向更高的 X 会领导岗位。每年担任的领导职务不同，工作侧重点也不一样，可以不断点燃会员们的热情，激励他们从不同角度参与 X 会的领导管理工作。

2. 推举晋升空间支撑组织架构的运行

职务推举晋升、轮庄制度为 B-X 会各项工作的传承提供保证。一般情况下，只有担任过服务队第一副队长才能被推举晋升为服务队队长，因此，X 友在接任服务队队长这一职务时，对本服务队的优势特色、现有服务项目、目前存在的问题都已经了解透彻。一年任职期限赋予继任后的服务队队长天然责任：继承并高质量完成已有服务项目，开拓新的服务项目，帮助更广泛的受助者，捍卫服务队已有荣誉，积极争取更优秀的荣誉奖励。

A 服务队在某村建立一所希望小学后，连续四年每周四选送音乐、美术教师去希望小学授课。正是一任又一任服务队队长的传承接力，才让这一服务项目得以持续实施，也成为该服务队为公益事业作出的特色贡献。一年任职期限，不断通过时间压力激励领导 X 友在传承的同时，也要继续创新服务项目、提升公益服务绩效，以为服务队及 B-X 会发展作出更大贡献。

不同 X 友担任同一领导职务，能够从不同角度完善该职务涉及的事务工作。以 B-X 会的前五任主席①为例：创区主席为 B-X 会的后续运作搭建框架；第二任主席带领 B-X 会实现快速发展；第三任主席在任期间为 B-X 会建立起完善的制度体系；第四任主席强调工作计划的执行效果；第五任主席观点新颖、作风果断、思路开阔。连续五任主席优势互补，都将自己鲜明的领导风格带入 B-X 会的阶段性发展中。在轮庄制度下，部分 X 友连续数年担任不同层级、不同领域的领导职务，新的职责分工与考核标准激励他们持续性提升自己的领导能力、管理能力与综合素质。

轮庄制度让更多 X 友有机会通过担任不同职务参与 B-X 会的管理工作，完善的晋升激励模式激发 X 友们的责任与担当意识，激励他们积极踊跃地投入领导职务推举中。常态化的培训与公益服务锻炼，使 X 友有能力从事领导管理工作，确保了轮庄制度能够持续不断地运转下去。"晋升激励"与"轮庄制度"相互作用，将一位位优秀 X 友吸纳进 X 会周期性、制度化的"血液"更新中，形塑"模糊个体、突出公益"的组织文化，为 B-X 会取得良好的组织绩效提供支撑。

三 公益组织的荣誉激励模式

除职务晋升激励外，荣誉激励是推动会员加入 B-X 会、参与公益服务的另一重要动力。B-X 会的成员以中产人士为主，在生活富足、基本需求得到满足后，自我实现与社会交往的需求对他们越来越重要。加入 B-X 会、投入公益服务、获得荣誉奖励，成为会员实现自我价值的重要途径。同时，会员在 B-X 会获得的证书、奖牌、徽章等荣誉也可以为其带来丰富的

① B-X 会曾先后使用中国 X 会"B 会员管理委员会"、中国 X 会"B 代表机构"和中国 X 会"B 代表处"的正式名称，其前五任负责人，称"主席"，从第六任负责人开始，改称"主任"。除特殊需要，本书一律使用"B 代表处""主任"等目前的称呼方式。

社交身份与良好的个人信誉。

（一） B-X 会的荣誉机制

B-X 会重视对在公益服务及组织发展中表现突出、贡献卓越的个人及团队进行表彰。表彰方式以授予荣誉为主。2014 年刚刚成立不久，B-X 会就设立了"荣誉与表彰委员会"，下设"荣誉评审委员会""'四出'统计委员会"等两个专业委员会。

B-X 会的荣誉评选遵循公平、公正、公开的原则，考核的维度主要包括：会员发展与保留人数、服务数量与参与人数、捐款数额与受助人数、组织与参与会议数量及人数、国际 X 会 M 奖①与中 X 奖基金捐赠数额、培训数量与参与人数等。B-X 会对会员参与日常活动的情况有详细的记录与统计，对荣誉申报材料与推荐材料进行严格核实。

B-X 会每年都要进行荣誉表彰，表彰仪式一般在每年 6~7 月举行的新一年度 X 会领导成员就职典礼上举行。B-X 会的荣誉表彰对象涉及个人、服务队、分区、服务项目、X 友家属及企业等各个方面。

针对个人的代表性表彰有：会员奖、导师奖、讲师奖、干事奖、监督专员奖、会员发展贡献奖等。针对集体的代表性表彰有：服务队奖、爱心大使奖、服务项目奖、委员会奖、会员保留奖、服务筹款奖等。针对领导 X 友的代表性表彰有：分区主席奖、委员会主席奖、服务队队长奖等。针对 X 友家属及企业的代表性表彰有：家属奖、家庭会员奖、爱心企业奖等。

荣誉表彰一般包括国际 X 会颁发、中 X 颁发、B-X 会颁发等三个层次；同一种荣誉常常根据表彰对象作出的贡献大小、取得的工作业绩大小，进行更细致的区分，比如，向会员个人颁发的"会员奖"包括"优秀会员奖""杰出会员奖""卓越会员奖"等几种类别，依此类推。

下面选取几类不同类型的奖项进行具体说明。

---

① 国际 X 会 M 奖，是以国际 X 会创始人 M 的名字命名的奖项，奖励在慈善募款与人道服务等方面作出突出贡献的会员，无论在国际 X 会，还是在中 X，M 奖都具有非常高的认可度。

单独依据捐款数额颁发的奖项是"星级会员奖"，是为表彰会员捐赠服务资金或实物而设立的荣誉奖项，累计捐赠 5 万元为"一星会员"，每增加 5 万元晋升一个星级，累计捐赠 45 万元即为九星会员，累计捐赠 60 万元即晋升为"终身星级会员"。

从会员发展的角度出发，设置"会员发展贡献奖"，向本年度发展 3 名以上新会员的 X 友颁发此项荣誉。

在服务队奖项设置上，"爱心大使奖"具有代表性，评选标准为服务队在册会员数达到 26 人、每名在册会员服务捐款达到 2800 元，率先达到上述标准的前三支服务队将额外获得 3 万元服务经费奖励，第四至第十支服务队将额外获得 1 万元服务经费奖励。

国际 X 会、中 X 也设置了许多重要的荣誉奖项，例如：捐款 1000 美元将获得国际 X 会 M 奖、捐款 5000 元将获得中 X 奖，在全球或全国的服务队建设、服务项目竞争中表现优异将获得卓越服务队、卓越服务项目等荣誉。

（二）荣誉评选的制度保障

作为组织激励的重要组成部分，荣誉激励的有序实施、对会员及服务队的强劲激励、对组织绩效的有效提升，与 B-X 会的荣誉制度规章提供的完善保障密不可分。

1. 荣誉激励的稀缺性与普适性保障

要增强会员的荣誉感、强化荣誉的激励效果，必须保证荣誉激励资源的稀缺性。只有在个人成长、活动参与及公益服务等方面取得的成绩达到规定标准时，才能得到 X 会的肯定与认可、获得相应的荣誉表彰，会员的优秀行为与表现才能得到后续强化。入会时间长、公益服务贡献大的领导 X 友，获得的荣誉一般较多；而那些入会时间相对较短、服务贡献相对较小的 X 友，获得的荣誉相对较少或没有。根据稀缺性原则，某些重要的荣誉奖励只有一小部分优秀会员才能获得。

与此同时，B-X 会也强调荣誉激励的普适性。从成立时开始，B-X 会就建立起完善的服务与工作记录制度；2019～2020 年度，又引入积分制统计模式，全面客观地记录会员、服务队、各协作区及各委员会的服务和工作状况，为考核与表彰提供可靠的数据依据。能否获得 B-X 会的荣誉与会员担任的职务高低、加入 B-X 会的时间长短并不存在必然关联。只要会员积极参与 B-X 会活动与公益服务，其在各方面的工作表现就会获得 X 友、服务队及 B-X 会的关注、记录与嘉奖。除了必须达到获得荣誉奖励的相关标准外，不再设置资历、身份、职务等其他个人条件的限制，会员只要倾力付出，就一定有机会获得荣誉嘉奖。这种表扬先进、激励后发的原则，确保荣誉激励本源于制度、独立于人情。

2. 评选标准的清晰性与准确性保障

公平公正是组织激励的重要前提。荣誉对个体积极性的调动是有条件的。只有当个体认为荣誉评选活动公平公正时，才会对荣誉获得者产生认同感与敬佩感，才会积极主动地努力追求这一荣誉。因此，必须最大限度地降低主观性，规范荣誉评选的程序与方法，提高评选的公平性与公正性。

B-X 会设立"荣誉与表彰委员会"来制定和完善各项评比标准和表彰制度，强调荣誉表彰的标准客观性、程序规范性、方法科学性，有效杜绝荣誉评选的主观随意性。从候选人资格审查、评选到最终结果审定等各个环节，都严格按照规定程序进行操作，坚决杜绝"抽签""拉票""让贤"式评选。在 B-X 会，荣誉激励的正能量导向已经形成：让真正优秀的会员享受荣誉，让受助群众认可的服务队获得表彰，让荣誉激励最大限度地对公益服务质量提升发挥作用。

（三）荣誉激励的运行机制

1. 荣誉激励对组织运行的重要性

受到荣誉表彰的先进人物体现出 X 会高度认可的会员品质，只有具备这种品质并为组织目标的实现作出突出贡献，才有可能获得 X 会授予的荣誉。荣誉之所以成为重要的激励方式，不仅因为其表扬先进、树立典型，还在于荣誉对组织文化与组织目标具有直观、清晰的表征作用。

影响 X 会组织目标实现的因素主要涉及三个方面：会员人数、公益活动与捐款捐赠。会员是公益活动的基础，没有一定数量的会员作支撑，一切公益理念的践行都是空谈；公益活动是播撒公益种子的土壤，只有推出高质量的公益服务项目，才能吸引与聚集会员与志愿者参与公益活动；捐款捐赠是公益活动的根本保证，公益服务的基本形式之一就是通过捐款捐赠集聚社会资源，向有需要的群体倾斜，改善其生存状况。

围绕这三方面影响因素，B-X会根据会员们的专项贡献及综合表现，有针对性地设置众多荣誉奖项。在会员发展与保留方面，B-X会、中X、国际X会都会对X友吸纳与发展新会员的表现进行记录统计，向达到表彰标准的X友颁发奖章、进行嘉奖。针对公益活动实施，X会设置了丰富的荣誉奖项，既包括优秀服务项目、杰出服务项目及卓越服务项目等奖项，也根据服务队开展公益服务的数量与质量，设置了优秀、杰出、卓越服务队、服务队队长等荣誉。而在B-X会的荣誉奖项设置中，与捐款捐物相关的奖项超过总类别的三分之一，成为许多会员追求的重要荣誉。

2. B-X会成员的荣誉追求及其激励作用

荣誉是激励的手段，不是激励的目的。授予荣誉不仅是为了表彰先进、树立典型，更是为了激励获奖者再接再厉、作出更大贡献，同时也引导其他会员意识到，只要付出努力，自己也有可能被认可与嘉奖。

（1）　B-X会成员的荣誉追求

对一般X友而言，相对容易获得的是与捐款捐赠有关的荣誉。以每年一次的爱心拍卖"慈善晚会"为例，捐赠拍品的X友、出资拍下拍品的X友都会获得"爱心奉献奖"。这些荣誉极大激发了X友们的捐款热情，成为X友们积极追求的荣誉奖项。

对组织荣誉的追求为达成组织目标、提升组织绩效提供了强劲动力。荣誉奖项的设立为会员们开展公益服务、推进团队建设提供了方向指引。在这一方面，G服务队的发展历程很具有说服力。

创队队长退会，G服务队几近解散，在前队长GX友的努力下重新凝聚。前队长LX友突然去世，在任队长QX友临危受命，面对X友参与度低的困局，以追求"全员续费"荣誉为目标，克服困难，经过不懈努力，最终26位X友全员续费。这一荣誉的获取带给整个服务队莫大激励，服务队的凝聚力得到恢复与提升，服务队管理与公益服务也迈上新的台阶。

B-X 会的荣誉多为精神奖励、口头嘉奖，以颁发奖章、奖状、奖牌的形式为主，部分奖项也包括一定的物质奖励。根据 B-X 会的荣誉制度，G 服务队在获得"全员续费"荣誉的同时，还得到 B-X 会的服务经费奖励，这为下一年度的服务活动开展奠定良好基础。

荣誉激励配合一定的经济激励，有利于"会员发展""服务经费""服务项目"三者之间相互支撑、相互促进，赋予 B-X 会的运行强劲动力。

（2）荣誉追求的激励效果

荣誉激励必须从公益组织的实际出发。公益组织要在对成员构成进行精准定位的前提下，围绕组织目标，实施有效的荣誉激励。B-X 会的会员以中产阶层人士为主。中产阶层对社会公平具有较高需求，对个体应当承担的社会责任具有较为深刻的认识，但相对缺乏稳定的集体认同。对此，B-X 会从"荣誉文化""集体认同""社会责任"等三个方面统筹荣誉激励模式的实施。

第一，弘扬荣誉文化。马斯洛指出，人不仅有生理、安全、归属与爱的需要，还存在更高层次的尊重与自我实现的需要。荣誉文化在 B-X 会中具有天然的精神基础，B-X 会重视通过"学习内化"与"外部刺激"相结合的方式强化会员对荣誉文化的认同。在学习内化方面，通过培训、例会、交流分享等方式向会员传播"争取荣誉、追求成就"的价值观念，引导会员在认同与内化荣誉文化的基础上，努力提升自己的公益服务质量。在外部刺激方面，强化对会员行为的荣誉嘉奖，加大在表彰大会、社交媒体等情境平台上对优秀 X 友及其成就的宣传与推介力度。

第二，强化集体认同。通过丰富多彩的荣誉激励，来自中产阶层的公益爱好者超越自身原有的身份，基于对 X 会公益理念的认同汇聚到一起，完成朝向"X 会会员"的集体认同转换，为 X 会的公益服务行动力，提供坚实支撑。

作为 X 会全球会员发展委员会主席，希望 B-X 会实现又快又好的发展。2018 年，我去 M 市走访服务队 5 次，到 Q 市创立分区，积极分享自己的经验。我认为要选择有公益精神的队长，因为有了"走心"的队长，服务队的发展就会事半功倍。看到服务队发展、服务项目落地、X 友成长、会员保留，我很自豪，这种无形的荣誉感、成就感以及会员对我的肯定认可，能不断激励我自己。（F13，男，党支部副书记，企业主）

第三，铭记社会责任。社会认同，也是会员特别渴望获得的荣誉。在B-X 会的各种活动及国际交流中，会员们常常获得来自社会、国家及其他国际公益组织的荣誉奖项，这种多元开放的认可与表彰，有利于进一步强化会员们对服务受助群体、增进社会福祉的社会责任感。B-X 会的发展离不开会员家庭与亲属的大力支持。B-X 会重视对表现突出、甘于奉献的 X友家庭进行表彰，经常邀请 X 友家人、长辈及师长出席 B-X 会活动，让他们了解 B-X 会，了解自己的亲人、后辈与学生所投身的公益事业，激励 X友们以更饱满的热情投身 B-X 会发展。

我们夫妻二人都是 X 会的志愿者，也获得过家庭荣誉。在 X 会工作上，我们夫妻二人没有分歧、互相激励，这让我们都更加乐于参加X 会的活动，为各自的服务队争取荣誉。在我担任队长的一年里，服务捐款加上交流联谊共计花了十多万元，妻子对此非常支持。（F10，男，光明行委员会副主席，企业主）

四　公益组织的集体激励模式

服务队是 X 会的基本组织单元与开展公益服务的基层单位。截至 2023年 3 月，B-X 会下设 102 支服务队。各支服务队相互独立，但在会员发展、捐款捐物、公益服务等方面也存在隐性竞争关系，表现优异的服务队会获得 X 会的集体荣誉表彰，其领导团队成员也会在 X 会各类领导职务推选时获得优势地位。服务队之间的竞争为 X 会集体激励模式的形成，提供了现实基础。

（一） X会服务队与公益服务的群体效应

X会不但要开展丰富多彩的公益服务，还要通过培训、会议等活动开展事务工作及公益服务经验交流。数量充足的会员为活动开展提供人力保证，但人数过多的会员作为一个整体一起参加活动，也会带来人员沟通协调难度大、交通住宿活动成本高等问题。设置服务队能够有效地避免这种情况的出现。

B-X会的每名会员都要加入某支服务队。一般情况下，每5~8支服务队合成一个协作区，2022~2023年度B-X会共设置17个协作区。

根据X会的相关规定，25人为一个标准服务队，服务队人数少于10人或长期不能正常开展社会服务活动和例会的服务队，视为不正常服务队，处于不正常服务队状态半年以上，履行相关程序后，予以取消，原队员可申请转入其他服务队。人数过多的服务队可考虑创建一支子队。

将B-X会划分为协作区，每个协作区下设若干服务队，能达到"化整为零"的效果，既保证开展公益服务的效率与灵活性，也为X会降低沟通成本、推进会员成长创造条件。根据运行经验，30人左右的服务队规模，既便于增强凝聚力、方便队长团队开展工作、筹集足够的经费、保证服务项目的实施，也便于队员与服务对象开展沟通交流、深入体验公益服务过程、收获公益服务的成就感。

伴随X会规模的发展壮大，面对公益知识有限的X友或部分很少参与活动的"沉默"X友，在服务队内部有针对性地与其加强沟通、向其提供关爱与帮助、打造和谐融洽的人际关系越来越迫切。

当自己的公益之路出现倦怠时，当时的服务队队长不断感召，一遍一遍打电话劝说我，给我分享一些公益经验，与我回顾一些共同的公益经历，让我受到极大触动，我就从"沉默"X友回到了X会的舞台，积极参与各项活动。此外，在X会项目活动中，队长无论是不是执行主席，都积极给每个X友打电话、邀请其参与活动。当时还没有分出子队，服务队共有50多人。队长的热情和责任感染

着每个人。(F17, 女, 艺术团团长, 企业主)

（二）服务队内部的集体激励方式

1. 集体意识的激励作用

自成立之初, X 会就强调组织文化的重要性, 对愿景、使命、价值观进行了深入思考。B-X 会的每支服务队都拥有独一无二的名字, 命名的方式各种各样, 或表达热心公益回馈家乡的美好愿景, 或凸显本服务队的公益理念等。每支服务队都拥有自己的愿景, L 服务队以"成为 B-X 会最受尊重、最具学习力的服务队"为愿景, T 服务队的愿景是"成为 A 省快乐公益的践行者"。

B-X 会的每支服务队都或多或少形成了独具特色的公益取向与服务理念。

> 我们 H 服务队就要做没人做过的服务。如果某个学校或者社区已经有其他服务队或其他公益组织提供帮助, 加上我们的力量, 也许能让这些被帮扶对象的处境更好, 但是我们的定位不是这样。我们要做自己的服务, 去更远、更困难的地方。我们服务队要扎根社区、做精准服务。我们近三年有一个项目是帮助一个瘫痪在床的人, 给他提供持续服务, 买冰箱、彩电、洗衣机, X 友每周去给他收拾屋子、改善生活环境。我们认为这样的精准服务更有意义, 持续、精准地帮扶一个人, 这就是我们的公益理念。(F10, 男, 光明行委员会副主席, 企业主)

共同的公益取向让队员对服务队的公益服务倾注情感, 增进对 X 会的组织认同、增强对公益服务的社会责任感, 激励 X 友相互吸引、相互感召, 不断投入自身的时间、精力与资源, 践行"出心、出力、出席、出钱"的"四出"精神。

2. 集体情感的激励作用

在组织生活中, 成员既需要情感的交流与满足, 也渴望得到他人对自己的正面评价。服务队、B-X会的日常运行及公益服务的开展有相对固定的程序性步骤,为会员交流思想观点、分享服务经验、反思提升自我,提供了顺畅的渠道及良好的集体情感平台。

前辈X友分享经历、新会员抒发个人感悟、探讨服务队活动提案,是公益服务活动前期常见的会员情感沟通方式。

前辈X友会讲述一些感人至深的故事(比如,X友身患癌症,手术前后仍然积极做公益;X兄患病去世,他的爱人穿上X会服装,继续丈夫的公益之路……),引发新会员的共情,引导他们对X会产生深厚的情感。新会员的个人感悟也让老会员回想起自己刚刚入会时的青涩时光,不断提醒老会员不忘初心、心向公益,也便于老会员了解新会员的困惑、帮助新会员更快融入服务队与B-X会的大家庭。

在活动提案环节,X友们围绕服务项目方案,开诚布公地探讨与交流,让新老X友的感情快速升温,不断增强集体凝聚力,进一步强化X友们对服务队与B-X会的归属感。

> 从最早的老队长到现在,我们一直传承的公益理念就是,我们和受助者是平等的,在帮助别人的时候绝对不可以高高在上、趾高气扬,我们要俯下身子,在受助者的旁边,必要的时候蹲下来,与受助者保持平视。我们和受助者建立起良好的关系,就像对待自己的老人、兄弟姐妹和孩子一样。这个公益理念我们服务队一届传一届,大家都认同并努力践行。(F11,女,服务项目委员会主席,企业主)

在公益服务开展过程中,新老队员互相帮助、相互成就,积极开展服务知识与技巧的交流分享,紧密团结在一起。队员之间礼貌谦让、相互体谅、互相帮扶,在时间安排上主动协调配合,部分队员自行购买食品饮品,慰劳参与活动的队员与志愿者。队员们不计回报地付出,增强了大家对服务队与B-X会的情感归属,共同将B-X会打造成富有人情味的"大家庭"。

公益服务结束后,服务队会召开总结会议,对会员在活动中的表现进行点评。在总结中，X 友们会积极放大其他 X 友的优点和贡献，相互赞美、相互鼓励，激励彼此参与活动，收获知识、方法与技巧，体会 B-X 会大家庭的温情与关爱，确保大家以更饱满的信心参与服务队与 B-X 会未来的活动。

3. 集体决策的激励作用

保证成员在集体决策中的参与度与自主性，是提升集体激励效果的重要途径。在组织决策中，吸引组织成员加入，激励其发表意见、承担职责、执行任务，有利于激发组织成员的个体潜能、促进个体发展、提升个体责任心。参与集体决策也是培养 X 友理性协商能力、传播"忍耐、理解、包容、智慧"的 X 会文化的重要途径。

X 会的运行充分尊重会员意见，赋予会员高度自主性，激励会员参与 X 会的决策与服务工作。以服务活动的选择与确定为例，在服务队例会上，每名 X 友都可以畅所欲言，积极分享自己对公益服务的感悟、对服务项目的设想、对服务队建设的建议。X 会是公益组织，能将公益理念不尽相同但都拥有奉献精神的个体汇聚到一起。尊重与保护会员的自主性，是团结与凝聚 X 友、更好地开展公益服务项目的根本前提。

X 会通过制度化、规范化的程序，最大限度地为会员参与决策表决与决议执行创造条件。X 会的决策以"罗伯特议事规则"为主要依据，议事规则也成为 X 会培训的重要内容。依据议事规则，B-X 会或下属协作区的会议，通常采取代议制民主表决，但有时也会根据具体情况在各服务队队长坚持下采取全体人员表决的朴素式民主方式；针对协作区会议上由协作区协调长提议开展的"跨服务队"联合服务，部分服务队尤其是新创服务队队长有时也会表示，需要经由本服务队全体队员商议表决，才能决定是否参与联合服务。

服务队活动由队员自主决定，大大提高了会员的参与积极性。服务项目并不都由服务队队长具体引领，常常根据活动特点与实际情况选举一名项目执行主席来负责整个活动的规划、统筹与执行，在项目实施、过程监督等重要环节都要进行表决。因此，每名服务队成员都有机会参与项目的组织、策划与执行，积极践行"四出"精神的热情会进一步激发会员的主人翁意识。

服务队这一具有向心力与亲密感的小群体，为集体决策与一致性意见的达成提供了适宜土壤。通过参与服务队重大事项的决策，队员的自主性与主人翁意识得以增强，增进对服务队与 X 会的认同，也对实现公益服务目标、提升服务队绩效产生良好的激励效果。

（三）服务队之间竞争的集体激励效应

1. 服务队之间的竞争

由于服务能力与服务贡献存在差距，尽管部分会员获得的个人荣誉较多，但大部分会员获得的个人荣誉仍相对有限，这在一定程度上削弱了个人荣誉的激励效果。在这种情况下，形式多样的集体荣誉作为对个人荣誉的重要补充，可以对会员个人发挥间接的激励作用。

在访谈过程中，部分 X 友对个人获得的荣誉已经记忆模糊，但当提及服务队获得的集体荣誉时，都表现出强烈的自豪感，对没有获得的某些集体荣誉奖项也感到遗憾和失落。

> 区会有一项荣誉我们服务队没有得到，这是我们到现在都耿耿于怀的事情。每个人捐款 2800 元以上，不是平均而是每个人，区会会奖励一项荣誉和一笔服务经费。当时整个服务队发动一切力量感召每名队员积极捐款。争取集体荣誉是很多 X 友都乐意出力出钱的活动，当时服务队有 54 人，其中 53 人都达成捐款目标，只有一个人没捐。这不到 3000 元，很多 X 友都有垫付的经济条件，但是当时大家开会讨论，一致决定，即使放弃这项荣誉，也不去做造假的事情。（F09，男，服务委员会主席，企业主）

服务队之间的竞争与荣誉激励主要表现在以下几个方面。

第一，服务队排名竞争。B-X 会会在区会会议、协作区会议上实时展示各协作区、各服务队的服务绩效排名。各协作区负责人会在会议上与会员一道对各服务队的工作表现进行分析，号召 X 友们积极参与会议、培训与公益服务，激励排名靠后的分区与服务队奋勇直追。

第二，服务项目竞争。在 B-X 会，服务队之间的荣誉竞争归根结底是服务项目竞争，包括项目数量、持续时间、项目影响力等方面。B-X 会设置服务项目委员会，对项目数量不足的服务队进行帮扶，还会邀请专业性强、项目丰富、项目落实圆满的服务队进行经验分享。开展高质量服务项目的服务队会获得相应荣誉表彰，也会在协作区、区会会议上进行介绍。通过比较、竞争，激励服务队开展优质多元的服务项目。

2. 服务队竞争对公益服务的激励

争取集体荣誉的过程会对会员产生"筛选"作用。在服务队，部分会员为公益服务作出重要贡献，成为核心骨干 X 友，也有部分会员因为各种原因逐渐与服务队发展及公益服务"渐行渐远"。

第一，"沉默" X 友的产生。部分 X 友因为事业、家庭与身体等，不再参与 X 会活动，渐渐告别公益服务，这需要通过沟通、关爱与陪伴的方式感召他们，将他们召回服务队的大家庭。

第二，"搭便车"的 X 友。部分 X 友不足额交纳会费，选择保留会籍、只交纳一半会费，在公益活动中"不出钱、不出力、只参与"，追求的是享受受助者的谢意和自身的满足感，或者看重的是服务队与 X 会为自己带来的社会资源，为服务队发展作出的实质性贡献很少。

追求服务队集体荣誉的过程与每个会员息息相关，任务分解与服务队凝聚力将压力传导到每位队员，由此形成的筛选机制将每位队员的表现展现在全队面前。许多"沉默" X 友被重新感召、回归服务队；习惯"搭便车"的部分 X 友也在压力驱动下受到激励，深入参与到服务队建设与公益服务中。

B-X 会现有 100 多支服务队，对区会排名、荣誉资源的竞争，极大激发了各服务队队员的公益热情，B-X 会也通过会议培训、发布荣誉排名等方式让队员们感受到浓厚的竞争氛围。

　　我们 J 服务队和 L 服务队、K 服务队是三支非常优秀的服务队，也是兄弟服务队，形成名叫"KLJ"的组合，服务项目、捐款数额、活跃人数都非常相近，我们也是有意识地在这方面进行比较和竞争。捐款数额靠前的服务队是可以在主席办公室的排名板上"上墙"的，我们去年就一直在争取第一名，虽然后来被一支 Q 市的服务队超越了，但是这种竞争的过程我们都乐在其中。（F18，男，助残委员会主席，企业主）

在激烈的荣誉竞争之余，不同服务队之间也存在合作互动关系。B-X 会经常举行大型会议，为不同服务队的 X 友提供交流学习、分享经验的机会；每个分区还常常组织下属服务队，联合开展公益服务项目。大家在共同服务中增进了解、增进彼此间的亲密感，为突破服务队边界、推动公益服务高质量发展提供了充分保证，与其他服务队开展合作互动也有利于促进各服务队及其队员深入反思自身不足、不断提升服务质量。

我作为分区干事负责很多服务队，在服务队例会上，经常有队员问我，咱们分区有很多"大咖"服务队，他们的很多队员从中 X 层面上看也是很优秀的 X 友，整个服务队也很卓越，那么我们服务队差在哪里了？我们怎样才能成为那样的服务队？我就会跟他们耐心地分析，从事务、例会、捐款、动员、服务项目等方方面面展开讨论，他们的优点在哪，咱们的优势是什么，还会邀请"大咖"服务队来进行分享。（F14，女，秘书处干事/服务部部长）

五　影响组织激励的其他内部外部因素

（一）不同组织激励模式的协同作用

X 会拥有明确的职务推举要求，担任领导职务后，会员将获得相应的领导权力与实现公益抱负的机会，这激励会员为推举晋升到更高层级的领导职务而不懈努力。X 会建立起公平公正公开的荣誉机制，对符合 X 会公益理念、为公益服务作出贡献的会员进行表彰，在嘉奖先进的同时，也形成榜样效应。会员参与集体决策的自主性、服务队之间的竞争合作，对会员的集体情感与集体意识的增强产生重要作用，激励会员为实现服务队及X会的公益理想而努力。

晋升激励、荣誉激励与集体激励并非孤立发挥作用，而是相互联系、相互补充、相互促进、协同作用的，共同支撑起X会的组织激励体系。

1. 集体激励与晋升激励对组织成员的纽带联结

集体激励促进晋升激励的实现。服务队与X会为会员学习公益知识、提升公益服务能力提供平台，引导会员制定更切实的计划来实现自己的公益梦想。服务队的经历和锻炼让会员对自己的公益志趣拥有更清晰的认识，对是否参与领导职务推举形成更成熟的想法。反过来，领导职务推举对服务队经历具有明确要求，参与服务队以上领导职务推举一般应担任过服务队队长，推举申请者归属的服务队在会员发展保留、团队建设、服务项目实施等方面的表现应当突出。

晋升激励也推动集体激励的实现。服务队中有队员担任更高层级的领导职务，对本服务队将产生强劲的激励作用。时任B-X会主席在接受访谈时表示，自己"B-X会主席"的身份让所属服务队深感自豪，激励服务队在会议培训、捐款捐物、公益服务等方面更加积极地践行X会的"四出"精神，"服务队牛，你就牛"已经成为大多数X友的共识；而那些没有"大咖"队员的服务队，也会更加积极地推荐自己服务队的优秀队员参与高层次领导职务的推举。

优秀领导会员的个人特质会对服务队成员产生潜移默化的影响。会员担任领导职务后，有机会在中X、东南亚地区X会、国际X会等交流平台收获更多的公益知识、接触更先进的公益理念，会将更新颖、更前沿的公益服务经验与方法带回B-X会及本服务队，通过交流分享，拓宽队员眼界，提高其对公益服务的认知水平。

集体激励与晋升激励相互影响，但它们的激励对象存在一定差异。晋升激励主要作用于领导会员或有志于参与X会管理的会员。尽管X会建立起完善的组织架构与领导职务轮庄制度，但能够被推举到中层、高层领导岗位，担任领导职务的会员，数量仍然不是很多，晋升激励的作用范围有限。与晋升激励相比，集体激励的作用通过服务队与服务项目更直接地传导到普通会员的身上，让每名会员都"有机会表现""有同行者关注""有小集体关爱"。这种集体情感、集体力量与集体荣誉会激励每一名会员，在影响力、影响的持续性、影响的细致度等方面，对晋升激励形成有效补充。

2. 晋升激励与荣誉激励对服务动力的持续生成

晋升激励与荣誉激励紧密相连，互为表里。获得荣誉是晋升激励的必要条件。拥有更多荣誉称号的会员更有意愿参与领导职务推举，有意愿担任领导职务的会员会更尽心竭力地参与 X 会事务管理及公益服务、积极争取荣誉。在 B-X 会，领导 X 友获得的荣誉奖励一般都比较多，许多荣誉从中 X，甚至从国际 X 会的层面来看，都具有重大影响力。晋升激励推动荣誉激励的实现。担任领导职务后，会员在争取荣誉方面会面临更大压力，在领导会员卸任或走向更高层级的领导职务后，荣誉激励的作用也会在一定程度上得到强化。

晋升激励与荣誉激励尽管相互强化，但它们的作用发挥并不完全重合。在影响时长上，轮庄制度下单次晋升的激励效果有限，而争取推举晋升时产生的激励作用则会持续更长时间。时任 B-X 会主席在接受访谈时回忆，自己从入会到担任主席历经 5 年，在这段时间里，一直在 X 会事务管理与公益服务方面勉力付出，"出心、出力、出席、出钱"，不敢懈怠。这种激励效应是长期的，并不会因为领导职务的晋升或卸任而戛然而止。

与此相比，在大多数情况下，荣誉激励作为即时激励与正向强化手段，其激励效果一般在触发相关事件时，对会员产生的影响最为显著。从时间上看，晋升激励弥补了伴随时间推移荣誉激励动力消减的不足。晋升激励通过轮庄制让更多会员走上领导岗位，这种身份变化引导会员对公益服务、对自己的责任义务产生新的认知，对会员的言行与精神境界发挥"质"的形塑作用。荣誉激励作为事后的肯定与认同，涉及 X 会事务的各个方面，在覆盖面、影响面上已经超过晋升激励。晋升激励与荣誉激励在激励强度和激励广度上，互为补充、相互促进。

3. 集体激励与荣誉激励对组织认同的协同强化

集体激励与荣誉激励相互交叉，对组织激励发挥协同作用。集体激励是荣誉激励实现的特殊形式，荣誉激励是集体激励的重要组成部分。集体荣誉是集体激励得以实现的重要中介，B-X 会设置种类众多的集体荣誉奖项，借以激发集体活力与促成集体行动。荣誉对个体激励效果的达成需要通过集体情境获得表征，集体仪式中其他会员的注目、赞许与认同，有助于达成荣誉激励的客观效果。

集体激励与荣誉激励都重视对 X 友个人、家庭及企业的关爱、表彰与激励。相关的集体激励形式有：走访 X 友企业，出席 X 友及其家庭的节庆纪念日，在 X 友及家庭成员遭遇重大疾病、突发事件时表达慰问关爱，对遇到困难的 X 友进行帮扶、捐助。荣誉激励强调对在公益事业方面作出贡献的 X 友及其家人、企业进行荣誉表彰。相比之下，集体激励更加全面细腻，倾向于对 X 友及其家人进行情感激励，旨在维系与强化 X 友对 X 会的情感认同；荣誉激励的着眼点是肯定与表彰 X 友个人、家庭与企业的公益行为，激励他们为 B-X 会及公益事业发展继续作出贡献。

（二）组织激励中的其他因素

公益组织的各种激励模式协同作用，但也受到成员间资源交换、国家政策变化与成员事业发展等因素的影响，激励效果的波动会影响组织绩效的实现。

1. 资源交换对组织激励的影响

对 X 友来说，B-X 会蕴含的人脉、商业资源与事业发展机遇富有吸引力，在参与会议、培训与服务中可以结识其他 X 友，建构社会关系网络，寻找商业合作机会，实现 X 友个人在组织内的公益服务参与与组织外的事业发展的双赢。尽管 B-X 会并不把这些资源与机遇的集聚效应当作吸引新会员加入的优势，但资源交换机会的客观存在仍然是 X 会对中产阶层人士具有吸引力的原因之一。

吸引更多人员关注与加入是 B-X 会愿意看到的结果，在不影响 B-X 会公益宗旨与日常运转的情况下，X 友之间自主自愿的资源交换与事业合作并不被禁止。

2. 政策变化对组织激励的影响

公益组织的运行深受国家政策环境的影响。B-X 会的工作接受民政、残联等政府部门的监督、管理与指导。宽松自由的行动环境与清晰明确的政策指导方向是保证公益组织良性发展的必要条件。秘书处是 B-X 会的办事机构，秘书长由 B 市残联选派人员担任；经 B 市残联核准批复，B-X 会成立党支部，党支部第一书记由市残联委派；A 省民政厅成立社会组织综合党委，对社会组织党建工作进行宏观指导。

积极的政策导向会激励公益组织发展；严格的行政管理框架便于规范公益组织的发展，也会对社会各界的公益热情产生影响。X 会在中国落地后迅猛发展，获得令人瞩目的社会影响力，规模扩张快是其突出表现之一，这引起了政府管理部门的注意。在相关政府部门的指示下，B-X 会2018～2019 年度未进行惯例性的轮庄换届，而是将工作重点确定为放缓发展脚步、提升建设质量、短期内不再大规模吸纳新的会员。这对感召志愿者加入 X 会、拓展深化公益服务、发挥晋升激励的作用，产生了一定的阶段性影响。

3. 会员事业发展对组织激励的影响

B-X 会的核心会员大多为企业主，是参与会议培训、捐款捐物与参与公益服务的重要支撑力量。会员的经济状况、时间空暇以及精力投入在很大程度上受到经济形势与自身事业发展的影响，在新冠疫情影响下，部分 X 友的捐款热情近两年来有衰退趋势——总体经济形势趋紧，公司经营状况艰难，X 友们对 B-X 会各方面的投入自然就会少一些，很多时候对捐款动员的响应不再那么积极。在 B-X 会每年一度的"慈善晚会"拍卖中可见端倪：X 友捐赠的部分拍品是自己在之前的拍卖会上拍得的拍品，相当一部分拍品的成交价格和起拍价相差不多，小部分拍品由捐赠者自己拍回；拍卖过程中，更多由领导 X 友承担竞拍的角色。

事业发展受挫，导致部分成员的公益服务参与积极性下降，这既需要更多的职务晋升机会、荣誉奖项进行激励补充，也需要 B-X 会采取适当方式对 X 友企业、事业发展给予关怀与帮助，从源头上拓展公益资源筹措的渠道。为此，B-X 会成立了"X 企关爱委员会""X 友关爱与联谊委员会"。

六 公益组织激励模式的研究发现

以 B-X 会为例，对公益组织的激励模式开展研究，探讨晋升激励、荣誉激励和集体激励的作用机制，可以得到以下研究发现。

第一，晋升激励是提升公益组织绩效的基础和保障。合理顺畅的推举晋升渠道和数量充足的晋升职务让公益组织的晋升激励成为可能。职务资质与推举晋升条件确保了晋升激励长效作用的发挥，并通过晋升仪式的外在表征得到强化；领导职务轮庄制为晋升激励的可行性与影响范围提供保证；晋升激励促进组织绩效的实现，组织绩效的牵引让组织成员获得更多的推举晋升机会。

公益组织的领导职务晋升与政府机关及企业中的科层制垂直晋升存在差异，领导职务晋升与公益组织管理、公益服务能力及公益贡献的资质审查相结合，有助于推动公益组织发展的专业化转型。

第二，完善的荣誉体系能够发挥组织激励作用。荣誉激励体系的建立要符合激励对象的特征，荣誉激励的实施要遵循公平、公正、公开的原则，在组织成员中塑造荣誉文化、展现集体认同、凸显社会责任，有助于激励组织成员积极参与公益服务。通过荣誉激励提高组织绩效是推动公益组织良性运行的重要一环。

公益组织"公益""服务""奉献"的价值理念与组织成员实现自我的荣誉追求可以共存；服务的公益性与服务绩效的荣誉性表征并不矛盾，弘扬荣誉文化有助于公益组织的文化建设。

第三，规模适当、凝聚力强的公益组织次属群体有助于集体激励的实现。在公益组织内部培育关系融洽、向心力强的次属群体，有助于降低组织沟通与组织行动成本。通过增强集体意识、强化集体情感、推动集体决策，引导次属群体在参与会议培训、捐款捐物、参与公益服务等方面开展良性竞争，对公益组织的绩效提升具有集体激励作用。

　　加强内部团队建设，有助于改变公益组织人员涣散的局面；服务团体建设，也为公益服务的项目化运作提供了有效支撑；由"原子化"公益向"组织性"公益的转化，是提升公益组织绩效的重要途径。

　　第四，公益组织应建立完善的激励体系，为组织绩效提升创造条件。公益组织的动员志愿性、服务公益性、成员弱约束性特质，使其迫切需要组织激励，特别是以成员个人为载体的激励。应通过优化组织架构，推动服务模式、晋升路径与荣誉体系的完善优化；以制度、规范与情感为切入点，推动晋升激励、荣誉激励与集体激励等三种激励模式的建设；各种组织激励模式并非孤立运作，完善的、制度化的、协同作用的复合型激励对提升公益组织的服务行动力与服务绩效具有正向作用，优异的组织绩效有助于增进成员对公益组织的认同。

第三章　公益组织的团队发展及行动力生成

一　研究问题与研究方法

（一）公益组织的团队发展与行动力建设

在当代中国，公益组织在帮扶弱势群体、提供公益服务、增进社会福利、推动美好生活建设等方面发挥重要作用。然而，在实际发展过程中，许多公益组织面临人才匮乏、凝聚力有限、行动力不足等问题，团队内部的要素禀赋成为制约公益组织运行发展的重要因素，加强团队建设成为提升公益组织行动力的关键（彭晓，2020；王哲，2021；张梦涵，2022）。组织框架对团体结构具有何种影响？团队结构、团队文化如何形塑组织成员的公益实践？行动者惯习如何影响公益组织的行动力生成？以 B-X 会的基本组织单元"服务队"为对象，对公益组织的团队发展与行动力生成进行研究，具有启发意义。

服务队是 X 会的基本行动主体。每名 B-X 会成员都归属于某支服务队，以服务队为载体，践行"出心、出力、出席、出钱"的"四出"精神，参与公益服务项目、完成服务社会的公益使命。截至 2023 年 3 月，B-X 会共拥有服务队 102 支，在助残、扶困、赈灾、助学、敬老、环保、公共卫生、文化传播等领域开展公益服务，表现出强劲的组织行动力。这与服务队的要素禀赋所提供的支撑作用关系密切。

本研究关注 X 会服务队拥有的要素禀赋对其公益服务行动力生成的作用机制。相关概念的内涵与操作性定义如下。

团队要素禀赋包含团队结构、团队资源、团队文化等三个维度。

团队结构体现在团队规模、团队紧密度、成员关系类型及成员差异性等四个方面；团队资源可划分为情感性资源与工具性资源等两种类型；团队文化指制约与规范团队行动者的价值观与行动理念。

公益服务行动力指公益性团队调动必要的人力、物力与财力，达成特定公益服务目标的能力。

本研究以 B-X 会服务队为个案，重点考察在组织框架规制下，团队结构对公益服务的支撑作用、团队资源对公益服务行动力的激活效应、团队文化对团队成员的行为导向功能；探究团队结构、团队资源及团队文化等结构性属性如何对团队行动力的生成发挥具体作用，阐释行动力建设对公益组织发展的积极影响。

（二）研究方法

其一，参与式观察。在 B-X 会秘书处实习期间，研究者参与了 3 项代表性服务项目，并对 B-X 会具有重要影响力的服务项目进行了重点观察。此外，还参与了服务项目的总结例会，对项目实施流程进行观察与记录，以便更全面地了解服务项目的运行情况，与结构式访谈获取的信息相互补充、相互印证。

其二，结构式访谈。在秘书处帮助下，研究者获得 B-X 会所有服务队名单，通过等距抽样，抽取 12 支服务队并将其队长作为初选访谈对象。秘书处干事联络抽到的 12 名服务队队长、介绍本研究基本设想，如遇到没有访谈意向的服务队队长，则联系服务队名单中下一支服务队的队长，最终确定 12 名服务队队长作为实际访谈对象。根据访谈提纲，通过线上、线下相结合的形式，围绕团队结构、团队资源、团队文化及其对服务队建设、公益服务实施的影响，进行重点访谈。

二 B-X 会服务队的组织架构与日常活动

（一）服务队的组织架构

B-X 会服务队由队长团队和普通队员两部分组成。队长团队是服务队日常工作的议事和执行机构，在服务队全体会员会议闭幕期间行使职权，由队长、上届队长、第一副队长、第二副队长、第三副队长、秘书、司库、总务、纠察及其他成员组成（见图 3-1）。队长团队每月要举行例会、商议服务项目执行计划，然后在例会上对计划进行工作任务分解。

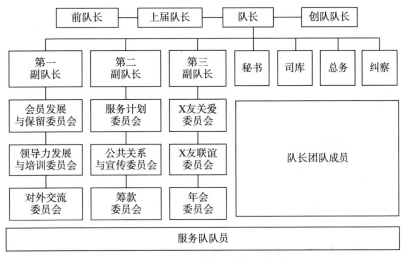

图 3-1　B-X 会服务队的组织架构

（二）服务队的日常活动

服务队的日常活动主要包括开展服务项目、组织团队培训及开展关爱联谊活动等。

1. 开展服务项目

开展服务项目是服务队的核心活动，每个月至少开展一次。具体的服务项目由各服务队根据 B-X 会规划指导并结合自身的实际情况确定，主要包括"社区""助残""医疗卫生""青少年""重大灾害""环保"等服务类型（见表 3-1）。

表 3-1　B-X 会 2022~2023 年度服务数据汇总

服务类型	服务次数（次）	服务时长（小时）	会员参加人数（人次）	受益人数（人次）
社区	410	13931	4236	121423

服务类型	服务次数（次）	服务时长（小时）	会员参加人数（人次）	受益人数（人次）
助残	302	12210.8	2813	52492
医疗卫生	163	5615.5	1314	60829
青少年	265	27219.38	2738	419396
重大灾害	89	10104	458	97130
环保	54	2434	536	50221
其他服务	1	22	11	0
合计	1284	71536.68	12106	801491

2. 组织团队培训

组织团队培训也是服务队的重要活动之一，可分为领导力培训与技术性培训。领导力培训主要包括地方讲师学院培训、地方 X 友领导力培训、潜能 X 友领导力培训、候任干部培训及常态化的"逢五相约"每月培训等类型。技术性培训主要包括创队流程与操作实务、救援知识与技能等不同类型，还常常针对不同的服务项目更新或增加不同的培训内容。

3. 开展关爱联谊活动

开展关爱联谊活动是服务队的另一项重要日常活动。自成立时起，B-X 会就设立"关爱与联谊委员会"，统筹开展会员关爱与联谊工作，由第二副主任分管。与区会层面的组织架构相对应，各服务队也设立"关爱委员会""联谊委员会"，由服务队第三副队长具体分管。关爱活动主要包括对会员及其家庭、企业的关爱；X 会还成立"足球""演讲"等种类丰富的兴趣俱乐部及艺术团，为 X 友开展联谊活动提供多元化平台。

三　服务队的团队结构及其生成效应

在组织架构的引导下，服务队形成以团队规模适度、成员联系紧密、关系类型丰富、成员差异性突出为特征的团队结构。

（一）适度团队规模的维系

X 会对新服务队的创建具有严格要求，达到 25 人的标准服务队基数才能提出创队申请。调研结果显示，在 B-X 会，服务绩效较高的服务队一般都长年保持 25 人以上的规模。设定创队人数最低标准、保持足够的服务队成员数量、建立完整规范的服务队组织架构，既有利于团队建设的稳定，也有利于汲取与调动更多资源，为服务队发展提供更牢固、更持久的支撑。

> 我在服务队经常沟通的也得有 40 人，其中队长团队有 15 人，我们每次活动 20 人、30 人以上很正常。（F19，男，服务队队长/导师团副团长，企业主）

> 我们团队内部会有一些"沉睡"的 X 友，每次例会服务我都会邀请他们，有些人在外地，只能电话联系，他要衣服、徽章我都会给他们邮寄；一些在本地的，一是比较忙，二是来了几次感觉没意思，对于这种情况，我是从服务上入手，有好的服务就会邀请他或者找个跟他关系好的 X 友邀请他。（F20，男，服务队队长，企业主）

对处于群体边缘的服务队成员，队长团队往往通过电话邀约、亲友邀约、服务邀请等形式，感召他们重新加入群体，积极参与服务队的日常公益服务。队长团队会聚了服务队的核心成员，有利于以队长团队为轴心联络牵引所有服务队成员。适度的团体规模，保证了服务队拥有数量充足的公益行动者，既为信息传递与资源交换提供媒介，也为服务队公益行动力的形成提供基础性支撑。

（二）团队紧密度的强化

团队紧密度指团队成员在参与服务项目、团队例会及关爱联谊活动时彼此联系、交往与互动的程度。根据在部分服务队的调研，队员之间的平均交往频率为每月 3~4 次，部分服务队队员之间的交往甚至能达到每周

2~3 次。

公益组织在活动出席上具有较大自发性，成员出勤率与公益组织的规章制度要求、公益活动的开展频率有密切关系。B-X 会对每支服务队的活动次数作出严格的制度规定，每个月至少召开 1 次例会、至少开展 1 次服务活动；有些服务队会根据本队的具体情况，在上述规定的基础上，增加新的标准，比如，每年举行 5 次大型联谊、关爱活动等。

> 我经常与队长团队进行沟通，有什么活动，都会给每个人单独打电话或者单独发微信，大家都会回复。我们服务队有个互动群，在群里大家每天早上都会问候，这已经成了一个习惯；我们队谁过生日了，大家也都会发微信红包祝福。（F21，女，服务队队长，企业主）

服务队的会员发展规范也推动了团队内部持续紧密的沟通。个人想要加入 B-X 会，必须通过一名会员的引荐。引荐人成为连接新成员与整个服务队的桥梁。新成员在入会前需要经过长时间的磨合与考验，通过不断参与群体活动，与群体成员建立正式或非正式的联系。目前，在 B-X 会，很多优秀服务队对会员发展都实施严格的"8+2"或者"3 个 2"准入标准。

> 对于新发展的 X 友，我们实施"8+2"准入标准。"8"就是 8 个"一"：参加一次例会、参加一次联谊、参加一次培训、提供一份健康报告、提供一份无犯罪记录证明与个人征信证明、捐一个中 X 奖、做一次企业访谈、做一次家访。"2"就是参加两次服务。现在整个 B-X 会也在效仿我们服务队的准入制度。（F19，男，服务队队长/导师团副团长，企业主）

> 新 X 友加入我们服务队，必须实施"3 个 2"准入标准，即必须先参加两次例会、两次培训、两次服务，然后经过我们的考核才能加入。加入的时候严格一些，对以后服务队的整体发展会有很大影响。（F21，女，服务队队长，企业主）

各类制度规范约束团队成员的同时，也对团队紧密度发挥正向强化作用。通过活动次数与出席率规定、入会引荐人制度、会员发展"8+2""3个2"准入标准等，服务队队员得以紧密地凝聚在一起。高紧密度有助于促进团队成员的资源集聚，有助于加强团队成员之间的信息交流与沟通反馈，增进成员之间的协作互动，为团队行动力的提升创造条件。

（三）团队成员多元关系的形成

在 B-X 会服务队中，队员之间已经形成协作关系、咨询关系、友情关系、交换关系等多元关系。多元关系的形成是队员"参与公益服务"这一共同经历的必然结果。

1. 协作关系

协作关系是服务队队员之间最重要的关系类型。作为团队运行的基础，协作贯穿公益服务项目实施的整个过程。

> 我们服务队的服务项目很多，每个月开展一次，每个活动设有执行主席。有的 X 友做汽车服务，有助老助残活动时他就出车；还有 X 友在村里担任职务，我们可以直接到村里调研，能获得详细的一手信息；也有做农产品的 X 友，知道农产品什么时候是最便宜的，我们就能更精准地将最好最便宜的产品送给服务对象。每次活动我们都在一起研究这些事情。(F22，男，服务队队长，企业主)

服务项目的顺利实施，需要每名队员的积极参与、密切协作。项目实施前，要联系服务对象、集聚各类资源、制定项目计划、规划任务节点、分配工作任务；项目执行中，要调动队员的积极性与能动性，落实与推动队员协作的达成；活动开展时，要根据需要设置协调联络组、后勤组、执行组等，协同推进服务项目的实施。在这种协作关系中，活动执行主席处于重要地位，承担着筹划、协调、执行、监督的工作职责。

2. 咨询关系

B-X 会高度重视会员培训及学习交流平台建设。服务队同样为队员开设培训课程、提供学习与交流的机会。在浓厚的学习氛围影响下，当遇到困惑时，队员们常常会向创队成员、资深队员虚心学习、请教"服务项目实施""会员保留""关爱联谊"等方面的经验。以建议咨询为纽带的咨询关系，为服务队及 X 会的有序发展提供了方向引导与良好保障。

> 我们服务队发展 8 年了，现在就特别需要新鲜感。我就跟我们队里的老队友商量，她给我提供了一些思路：带着家属一起联谊。带着家属一起，让家属参与到活动中，X 友也更好做家属的工作；带家属的话，大家对 X 会的认可也不一样。所以，我们现在开例会一般都带着家属，有时候服务也带着家属，既让家属感受 X 会的氛围和文化，也使家属对 X 友的工作更加支持。（F20，男，服务队队长，企业主）

3. 友情关系

友情关系作为协作关系与咨询关系的辅助，为团队提供必要的情感支撑，在公益组织发展中发挥着独特作用。通过关爱联谊活动以及服务队成员自发组织的聚会，队员们建立起深厚的友情关系，为团队成员提供非物质性的吸引与支持，达到集结与凝聚团队成员的效果。

> 我们很多人私下都是很好的朋友，平时经常会聚一聚。（F20，男，服务队队长，企业主）

> 每次队长团队会议以及全体例会结束后，参会的成员都会举办集体聚餐活动，这是 X 会的传统。（F21，女，服务队队长，企业主）

4. 交换关系

在开展服务项目、组织会员培训与开展联谊活动中，以协作、咨询、友情为纽带的群体关系，无形中也联结了服务队、不同成员各自拥有的物质性与非物质性资源。借助这几种关系的互动，团队成员可以调配、交换彼此拥有的资源，共同推动团队行动力的多元化发展。这种资源交换既为服务项目的开展提供支撑与保证，也为服务队、会员在 X 会事务活动之外围绕各自的事业发展开展合作，提供了新的机遇与可能。

（四）团队成员差异性的形成

会员差异性大且来自不同行业，促使 B-X 会越来越多的服务队形成"老、中、青"结合的团队结构。吸收发展新会员时对行业及年龄差异性的规定，是 X 会在现有制度框架下长期积累的团队建设经验。

1. 成员来源的行业差异性

为增强团队成员掌握资源的多样性，服务队有不成文的规定——新入会成员来的行业与现有成员不能重复。一方面，是为了发挥队内资源对新会员加入 X 会的吸引效应；另一方面，既保证了团队成员链接资源的多样性，也为在开展服务项目时有效筹措资源提供了切实保障。

> 我们创队队长的初衷是每个 X 友的行业不能重复，大家在一起不仅要做公益，还要做生意，如果重复就不好办了。你要用我家的东西，别人没有意见，两个都做一样的就不好选择了。（F21，女，服务队队长，企业主）

> 我们服务队现在基本能保证队员来自各行各业，确保尽量涉及各个领域，但现在有不平衡的现象，就是律师和医生行业暂未涉及。（F19，男，服务队队长/导师团副团长，企业主）

2. 成员年龄的差异性

为保证良性发展，越来越多的服务队关注队员的年龄构成与差异性。

> 2020 年，我们新进来的 X 友偏年轻化，有很多 90 后的 X 友。当时我们岁数都大了，总认为他们是小孩儿，感觉他们对公益事业只有一时的热情。然而，年轻 X 友的加入颠覆了我们的一些认知，这些年

轻人的加入能大幅提升一支服务队的活力，因为他们的想法和认知跟岁数大的不一样。能从年轻 X 友那里学习到的东西太多了。（F23，男，服务队队长，企业主）

我们服务队想的是老中青相结合，每个年龄段的都有，有二十多岁的，也有三四十岁的，大一点的五六十岁的都有，这样，年龄大的 X 友能够提出一些意见建议，新的 X 友也能给服务队注入新鲜活力。（F21，女，服务队队长，企业主）

尽管 B-X 会对新会员的行业及年龄没有明确的硬性规定，但很多服务队还是将行业、年龄的多样性纳入发展新会员的考量因素中。确保团队成员在行业及年龄上存在必要的差异，这既有利于观念的碰撞，也有利于信息与资源的交换，提升服务队的团队行动力，促进 X 会公益服务目标的实现。

四 团队资源的生产与交换

服务队的团队结构特点为团队内部的资源交换提供了支撑。具体而言，团队规模与成员差异性影响工具性资源的生产与交换，而团队紧密度与多元关系则为情感性资源的生成提供了必要支持。

（一）团队工具性资源的生产与交换

1. 服务项目实施与工具性资源的生产

公益资源具有稀缺性。为维持生存发展，公益组织需要充分挖掘利用成员在组织之外所拥有的社会关系网络。开展公益服务项目，在调动成员公益服务积极性的同时，还要对成员拥有的各类外部社会资源进行高效集聚与优化配置，将其导入公益服务、推动公益服务的实施，以提升公益组织的行动力。

服务项目是 X 会参与社会建设、促进组织发展的核心途径。B-X 会成员以中产阶层为主，他们具有一定的人脉、资金与市场优势。丰富多彩的服务项目既为 X 会成员参与公益事业、推动个人学习成长提供了顺畅途径，也激活了会员拥有的个体性外部资源的公益价值。

在选择服务项目时，服务队队长团队首先要开展调研，与服务对象建立联系，通过实地走访了解服务对象的真实需求，与服务对象协商、共同制定帮扶方案；在服务项目实施前，服务队会调配筹措相关资源、选择确定活动场地，为服务项目的开展提供条件保证，并且还要对队员的工作任务进行分工；在服务项目结束后，还要建立全面细致的服务档案，确保服务项目在本服务队实现有序传承。尽管在不同阶段，涉及的资源类型存在差异，但完备多元的资源支撑是确保服务项目顺利实施、满足服务对象实际需求的重要保障。

服务项目的实施凸显工具性资源生产的重要性与迫切性。

我们服务队的特色服务项目是请老师给小学低年级的学生上口才表演课，我们已经坚持六年了。很多学生都是外来务工人员子女，他们没有这方面的资源，我们主要是请老师对他们进行口才训练；除此之外，我们还给他们送去关爱，"六一"或者过年时以口才汇报游戏或者比赛的形式，给他们送一些礼物。等这些孩子升到初中以后，很多人都可以承担学校的主持等角色。这个服务我们是有长期的执行主席的，在前期他会跟学校和老师沟通。每次活动，"六一"或者汇报演出，还会有一个单独的执行主席负责统筹安排，买一些物资，他也会与其他人配合和沟通，以更好开展服务。（F20，男，服务队队长，企业主）

2. 团队构成对工具性资源交换的支撑

B-X 会的规章制度与服务队自发形成的传统，保障了适度的团队规模与成员构成的异质性，这为在服务项目实施过程中队员之间资源交换互补、共同支撑公益服务开展提供了可能性与可行性。

寻找、确定服务对象是开展服务项目的重要前提。很多新成立的服务队在发展初期由于缺乏与学校、社区及村庄建立联系的人脉资源与渠道，找不到合适的服务对象。服务队成员数量众多、职业差异性大，为解决这一问题提供了有效的关系渠道与资源支撑。

> 现在，想做公益慈善的人很多，但不知道去哪里做。我们服务队前期也有这样的困扰。我们服务队通过我，主要做"光明行"项目。现在，有些人的生活还是很贫困，一个白内障手术都无力负担，一直拖，拖到眼睛都看不见了。我告诉服务队这个对象是什么情况，队员就去调研，然后发现真的有这样的情况，我们答应帮助这个老人来医院做手术。这个患者不用出钱了。做完手术之后，我们队员还到医院来帮助患者揭开纱布。（F24，男，服务队队长，企业管理者）

对于新成立的团队来说，与服务对象对接是一项艰难但必须做的工作。上述服务队曾经面临解散的危机，新队长 F24 上任，为重新整合服务队资源、引入服务项目与确定服务对象提供了重要机遇。F24 是从事医疗行业的企业主，通过自身的各种资源联系家庭贫困、无法支付手术费的白内障患者与可以进行手术、资质雄厚的医生及机构，在两者之间建立连接。经过走访调查，F24 牵头核实受助者贫困情况并确定最终救助的白内障患者，动员服务队成员为该项目筹款，联系医生与机构，安排手术，为受助者支付医疗费，帮助这些白内障患者重见光明。

活动场地也是服务项目开展不可或缺的重要资源，一些户外活动、科普宣传活动都需要大型服务场地作为支撑。在这种情况下，面对确定活动场地的压力，服务队规模大、成员社会分布广的优势就充分体现出来了。

> 我们服务队的很多活动都是到我公司的湿地公园去植树，当时我们有个大型的活动，十几支服务队，200 多人都是我提供的场地。（F22，男，服务队队长，企业主）

> 我们当时在全国助盲日开展了一个导盲犬宣传的服务项目，是和我们服务队的友好服务队合作。当时需要一个比较大的场地，这个场

地就是我爱人提供的，她是 B 市一个大型商场的负责人。其实我们大多数的活动都是服务队 X 友提供的场地，服务队横向那么多人，能提供很多资源。（F19，男，服务队队长/导师团副团长，企业主）

服务是一项耗费大量人力、物力、财力、时间的志愿活动。当一项服务确定开展后，随之而来的就是服务队的内部分工，这也是服务队队员掌握的各类资源发挥作用的关键时刻。一项严谨的公益服务涉及联络部、交通部、后勤部、接待组、信息组、场控组等多部门的分工协作，每个部门的运行都离不开物质资源支撑。队员来自各行各业，拓宽了资源动员的渠道，丰富了资源的类型，确保了服务项目顺利开展。以下将以"爱心 X 泉"服务项目的资源整合过程为例展开具体分析。

行业多样性对服务过程的支持力度是非常大的，大家来自不同的行业，能提供的资源是不一样的。这个屯子十年吃不上干净的自来水，是因为屯子自来水管道老旧，里面全都是淤泥。我们全部给他们换了新的，新的泵阀、新的过滤系统。所有的这些东西都是我们 X 友捐出来的：泵阀是彩钢的，我们 X 友有干这个的，以成本价捐出来；有做水处理系统的，也是以成本价捐出来。这个项目的执行主席是搞建筑施工的，施工的东西他都懂，项目施工了一个月，他就天天去盯着。（F19，男，服务队队长/导师团副团长，企业主）

服务队成员的资源互补与资源交换贯穿服务项目的方方面面。从对接服务对象到项目开展时场地与物资的提供，再到项目实施过程中的分工协作与监督管理，团队中的每个成员都是公益服务资源的潜在提供者。团队规模大、成员构成多元化，无疑为 X 会服务队开展针对性强、内容丰富的高质量公益服务提供了可能。

（二）团队情感性资源的生产与交换

关爱与联谊作为公益组织的辅助活动，对增进成员对组织的情感依赖与认同具有重要的促进作用。服务队队员之间的联系紧密度与关系多样性是团队情感性资源生产与交换取得良好效果的重要原因。

1. 关爱联谊与情感性资源的生产

情感性资源的生产指具有共同关注点和共享情绪的参与者，通过正式的互动仪式将短暂的情绪转化为群体的归属感、团结感与凝聚力的过程（柯林斯，2009）。情感性资源贯穿公益组织运行的各个层面。会员发展与保留需要已有成员利用私人性情感，吸纳优秀社会人士、完善成员构成、壮大组织规模。公益组织的持续发展，也离不开成员在长期稳定的面对面互动过程中形成的情感认同、情感依赖与情感交换，这对服务项目的传承发展具有重要意义。

对公益事业的热爱吸引会员加入 B-X 会。但在入会后，部分成员因为健康状况不佳、家庭变故、个人事业发展受挫等，无法正常参加 B-X 会活动及公益服务；也有部分入会时间长的会员，在参与 B-X 会活动及对公益服务的新鲜感减弱后，逐渐产生倦怠心理，对公益服务的参与积极性不高、参与深度不足，甚至成为"沉默"X 友、"搭便车"X 友；与核心领导 X 友相比，部分会员出现的离心倾向，对 B-X 会及服务队的团队建设产生不利影响。

面对上述情况，为加强人文关怀、增强凝聚力、充分调动内部情感资源，自成立起，B-X 会即设立"关爱与联谊委员会"，统筹推进会员关爱与联谊工作。各服务队也相应设立了"关爱委员会""联谊委员会"。

B-X 会、服务队对会员及其家庭开展的关爱活动主要包括：在会员婚礼、生日等重要节点，到场祝贺、赠送礼物红包；在会员及其家庭成员遭遇重大疾病、突发事件时，表达慰问关怀、提供扶持帮助。

对会员企业的关爱主要体现在：实地走访会员企业，了解企业发展状况及实际需求，提供相应的帮助；会员们也会利用微信朋友圈推介其他会员的企业。

> 关爱 X 友的活动非常重要。比如，"X 企走访"的活动，通过发布 X 友企业的信息，了解他们真正的需求。只有 X 友的企业发展好

了，他才愿意出来奉献，出来参与服务。所以，一定要让 X 友自身强大起来，我们才能更好地服务别人，服务帮扶对象。（F15，男，服务队队长，企业主）

会员加入 X 会具有自发性、自愿性，必须通过情感与会员建立联系，并将其凝聚起来，丰富多彩的联谊活动为 X 会、服务队成员的情感资源交换提供了平台，有助于强化会员对服务队与 X 会的"家庭"归属感与情感安全感。服务队的"联谊委员会"主席在每年度伊始都要做好本服务队的联谊计划，定期举办晚会、年会及其他联谊活动，同时，会员们也经常自发聚会。

为体现"快乐服务、快乐公益"的理念，B-X 会设立了"足球""演讲""羽毛球""徒步""摄影""读书""台球"等多个俱乐部，还成立了"B-X 会艺术团"。丰富多彩的文体活动，有利于充实会员业余生活，增进会员情谊，陶冶会员情操，推动会员沟通互动，增强会员归属感，强化 B-X 会及服务队的凝聚力。

2020~2021 年度，B-X 会对"关爱与联谊委员会"进行了组织架构增补完善，增设了"X 企服务"、"法律援助"、"健康咨询"、"X 友驿站"、"应急公关"、"财税咨询"和"X 友互助基金"等多个次属委员会，进一步扩展了关爱会员、服务会员的范围，切实为会员及其家庭、企业提供多方面的支持与帮助。

2. 团队结构对情感性资源交换的支撑

事关服务队整体发展的核心因素，除了每个月的服务项目，就是关爱。我们重视对 X 兄 X 姐的家庭生活、工作、事业的关爱，对不同的人关爱的侧重点也不太一样：对于平时参加活动比较少的，我们会定期去家里进行一些关爱；面对有掉队风险的队员，我们会分析他是否遇到什么困难，然后到家里看他需要什么帮助。队长团队每个人的分工不一样，第一副队长负责搞活动，第二副队长负责调研，第三副队长主要负责对 X 友的关爱。作为服务队队长，有的时候，我也去做

关爱。(F22，男，服务队队长，企业主)

关爱联谊是事关服务队维系与发展的关键性工作，服务队会根据会员状况制定不同的关爱方案，关爱涉及生活、事业与家庭等各个方面。在参与公益服务的长期互动中，服务队队员形成协作、咨询、友情、交换等多种连带关系，在关爱联谊活动中，这些连带关系的强化效应开始显现。作为服务队的领导核心，队长团队各有分工，其中，"关爱联谊"是第三副队长的主要职责，第三副队长要带领"关爱委员会""联谊委员会"主席共同举办关爱联谊活动，为关爱联谊目标的达成提供人员保障。

此外，在实践过程中，服务队还根据特殊情况，制定灵活多样的非正式性关爱策略。在谈到新冠疫情时期的会员流失问题时，有名服务队队长说：

有个新队员刚加入我们团队时非常积极。他和他姐姐是孤儿，十分珍惜我们这个公益组织、这个团队，我就感召他到队长团队当筹款主席，他工作非常积极。但在疫情期间他突然不参加活动了。我和他进行了多次沟通，发现他不参加活动不是不想做慈善，而是因为企业在疫情期间关闭了，做公益的心态不像以前那么好了。我就和老队长商量，他们说必须得一起去看他，一是得体现我们是团结友善互助的团体，看看能给他什么帮助；二是不能让人掉队，要保证我们的会员保留率。然后我又感召大家给他打电话问候，被大家感召，他又参加活动了。(F21，女，服务队队长，企业主)

服务队队长作为团队领导者，发挥着与队员沟通的枢纽作用。团队连接紧密保证了团队决策、情感资源动员的效率，确保队长团队能够在短时间内针对特定会员提出切实可行的关爱方案，提供个性化情感支持，化解会员流失苗头问题。"正式关爱""非正式应急关爱"两种机制，共同维持了团队情感能量的平衡流动。

有研究指出，近年来，志愿者加入公益组织的动机发生转变，由传统的责任感动机逐渐转变为以"快乐"为轴心的情感性动机，重视公益服务参与中快乐、休闲、好玩等情感性要素的满足（刘珊、风笑天，2005）。服务队定期举行联谊活动，有助于将团队成员在公益服务中形成的业缘性互动转化为持续的愉悦性情感交换。年会、晚会、聚餐、运动比赛、文艺表演等丰富多彩的联谊活动形式，有助于"快乐公益"的情绪在服务队内部产生、传递，有助于营造轻松、愉悦的团队氛围。

有些服务队还在现有联谊框架下，创立新的联谊交流方式："我们也会定期举行联谊活动，大家在一起玩得开心，在一起做事开心，就是最好的了。我们的联谊活动现在实行'片区制'，有 DW 片区、DL 片区、XF 片区、SB 片区①，由片长定期召集大家举行聚会，在一起热闹热闹。这跟我们服务队一样，区会有活动服务队就会召集大家一起参与。我们分成'片'之后，就是服务队一个小的分支，无论关爱还是联谊，我们都第一时间召集大家参与。"（F15，男，服务队队长，企业主）上述服务队创新性地设置"分片"联谊的新形式，每一片区的"片长"接收联谊委员会主席的活动任务，依托地理位置优势开展联谊活动，有利于提升团体紧密度，成为有效链接本片区服务队队员的情感桥梁，对服务队稳定、和谐团队关系的建构发挥着正向作用。

"悦己"是志愿者参与公益服务的一种内在需求。通过特色突出的关爱与联谊活动，服务队逐渐构建起公益服务参与的"家"文化，形成无形的情感资本，在一定程度上满足了服务队队员"快乐公益"的情感需求。队员感受到亲人般的关怀与温暖，有利于增进对服务队与 X 会的认同，更深入地融入服务团队中，服务队及 X 会的公益服务行动力也能得以有效提升。

五　团队文化对团队行动者的形塑

X 会对会员的吸引力得益于"四出"精神、"学习成长"文化、"尊重嘉许"文化等独特的组织文化，这些文化元素促使会员树立公益理念，形塑"合格"的团队行动者，为服务队及 X 会的公益行动提供驱动力。

---

① 此处的"各片区"指的是 B 市的各个市辖区，利用各区名称拼音缩写进行了匿名处理。

（一）多元团队文化对团队行动者的形塑路径

"四出"精神培育 X 会会员的利他精神，"学习成长"文化满足会员实现人生价值的需求，"尊重嘉许"文化使会员通过参与公益服务感受到强烈的荣誉感与自豪感。

1. "四出"精神培育行动者的利他精神

在长期发展的过程中，X 会形成健全的组织文化体系。"出心、出力、出席、出钱"的"四出"精神是 X 会文化的灵魂，是对 X 会公益精神的精炼诠释。

"出心"，即用心做公益、真心去付出，会务无小事、服务无小事，认真对待每一次服务；"出力"，就是尽力，在服务过程中放下自我身份，谦卑地去帮助他人；"出席"，即每个月一次例会、一次服务，服务队成员要做到尽量出席；"出钱"，即每名会员每年要交纳会费，用以支付 X 会一年的服务经费与行政费用，会员还自愿捐赠钱款物资，资助服务活动与服务项目。

> "出心"就是你的心必须得放在这儿，有的 X 友没有时间，"出钱"也行；"出席"指会务和服务必须得到位；"出力"就是我们每次开展服务项目，比如，向受助者发放米面油等物资，需要有人拿、有人负责。X 会有一句话叫"人人有事做，事事有人做"。必须让队员有存在感，我有作用，我服务于大家，我包容大家。不能队员来了，什么能做的事儿也没有，这样会员就没存在感；来了没你的事儿，你出钱就行了，那肯定不行，所以不能只"出钱"，还得"出心""出力""出席"。（F25，男，服务队队长，企业主）

服务队成员对"四出"精神的理解有所差异。有会员认为，"四出"精神要求队员从不同层面积极付出，形成志愿者精神的同心圆结构："出心"是"四出"精神的核心结构，"出钱"是"四出"精神的外层结构，"出席""出力"共同连接着核心结构与外层结构。也有会员认为，四个

"付出"是同等重要的闭环关系,从"出心"出发,再到"出力""出席",最后是"出钱",环环相扣,共同构成"四出"精神的基本内涵。

组织文化是内化性的规范信念,对组织成员的行为发挥引导作用(郑伯埙,1990)。"四出"精神作为 X 会公益精神的灵魂,对服务队成员参与 X 会事务及公益服务提出详细的具体要求;以"无私奉献"为内核的"四出"精神,形塑服务队队员的性情系统与行为倾向,感染、带动队员在不同层次上努力付出、积极参与公益服务、传播公益精神、增进社会福祉。

> 服务队的发展需要大家齐心协力、建言献策,这需要每个人都用心来想、用心来做;每个月的会议需要大家出席,每个月的服务需要大家参与,这就看大家如何合理安排时间;服务队是大家的,服务队的事情靠大家来做,每个人都来尽一份心、出一份力很重要;钱是服务的基础,每个人都献出一份爱、投入一份公益善款,才能帮助更多需要帮助的人。X 会为什么这么吸引人?因为 X 会服务了别人,感动了自己,提升了自己。X 会的宗旨是赋予有社会能力的 X 友服务的机会,帮助需要帮助的群体。(F26,男,前服务队队长/分区主席,企业主)

"四出"精神不仅营造服务队的文化氛围,还引领与勉励服务队成员全身心地投入公益服务实践,通过与服务对象的联结、互动,培育队员们的"利他"精神,"责任""奉献""感动"是队员们接受访谈、描述公益服务收获时经常使用的词语。

2. "学习成长"文化与行动者完善自我需求的契合

作为学习型公益组织,X 会设置讲师团与导师团,针对领导 X 友或候任干部开展领导力培训,针对服务项目实施、服务队建设开展技术性、针对性、指导性培训。会员通过在服务队或更高层级担任不同的领导职务、接受系统化常态培训,有利于挖掘与激发自身潜能,在承担 X 会事务管理、参与公益服务的过程中,有利于满足完善自我、实现自身价值的精神需求,有利于提升领导管理、组织调研、协调沟通能力,不断推动个人的成长与发展。

> 如果把 X 会比作一个工厂的话，服务是工厂的机器，通过机器运转，在服务与帮助别人的同时，X 友们也收获颇丰。首先是满足了交友的需求，做了过去没做过的事情、遇到过去没遇到过的人；其次是满足了被尊重的需求，在服务受助者的过程中感受到被尊重；最后是有利于领导能力的提升，组织一个活动涉及多方面，写可行性报告、调研、准备物料、筹款，和社区、学校等相关单位对接沟通，这就有利于提升自身能力。X 友们加入 X 会的原因各不相同，但能长期留在 X 会中，肯定是看到了自己与身边人的成长与进步。（F16，男，前服务队队长/分区第一副主席，企业主）

每个服务项目的实施都涉及多个环节。要开展全方位调研，实地走访受助对象，了解其真实需求，撰写可行性报告；要与社区、学校等单位沟通，协调相关部门，获得服务项目开展许可；在服务项目实施前，落实物资、场地，队长团队组织筹款；在服务项目实施过程中，全体队员倾力付出，确保服务项目顺利实施；在服务项目完成后，举行总结大会，队员交流收获与体会；要撰写服务项目总结报告，建立服务项目档案。无论是队长团队成员还是普通队员，组织或参与服务项目实施，都是一次难得的历练与成长，意味着在能力与综合素质方面获得提升。

> 我以前是一个不愿意说话的人，不想发言，但是通过 B-X 会这几年的历练，我不再惧怕任何场合，需要我表达什么我就能表达什么。我们每个人都有收获，在 B-X 会我最大的收获就是我得到了全方位的提升。B-X 会的培训是有效果的，以及服务对你的触动、你的改变是很大的。很多残疾人一生都没下过楼，我们背着他们、带着他们走进大自然，看着他们期盼的眼神，感动啊，能不对你自己是个洗礼吗？（F27，女，前服务队队长/分区第二副主席，企业主）

参与公益服务为团队成员带来精神满足。B-X 会的服务项目涉及助残、扶困、赈灾、助学、敬老、环保、公共卫生、文化传播等众多领域。每个服务队至少每个月开展一次服务，每次服务都是队员与服务对象的一次情感链接；在服务过程中，受助者收获物质上的支持、精神上的鼓舞，施助者收获被需要、被认同、被尊重的心灵洗礼。

在服务中我学会了尊重受助者，学会了谦卑，常常在服务中被感动。随着时间的沉淀，我深刻地领悟到在服务中学习成长的意义。其实我们要感谢受助者，是他们给我们提供了为他们服务的机会，我们也在服务中增强了自己的服务技能。（F26，男，前服务队队长/分区主席，企业主）

3. "尊重嘉许"文化对行动者的动力源塑造

B-X 会倡导相互尊重、嘉许激励的人际关系。"多加赞誉，慎于批评"被看作达成会员间紧密合作的重要原则。B-X 会的荣誉激励奖项就体现这一点。针对服务队队员，B-X 会设置了优秀服务队队长、优秀秘书、优秀司库、优秀委员会主席、优秀会员等个人荣誉；针对服务队，B-X 会设置了优秀服务队、会员保留奖、优秀服务项目奖、杰出服务项目奖等集体荣誉。丰富多彩的荣誉奖项设置，围绕每个服务队队员，营造出"嘉许赞誉""鞭策激励"的氛围，激励队员在学习、成长、自我价值实现的过程中更积极地参与公益服务活动。

在 B-X 会服务队，会员都追求荣誉感，希望被赞美，像我们做公益，很多付出都不是可以用金钱来衡量的，我们希望得到的是一种荣誉。（F28，男，前服务队队长/前办公会议成员，企业主）

X 会有很多奖项，比如国际 X 会 M 奖、中 X 奖、A（省）X 奖，这些奖肯定给人一种荣誉感，奖励既可以是物质奖励，也可以是精神奖励，这些奖励就是精神上的。我们是公益组织，大家都是没有利益

关系的，精神奖励对于人们做公益更有激励效果。（F25，男，服务队队长，企业主）

"尊重嘉许"体现出 X 会文化的传承。会员高度重视个人及集体荣誉，获得荣誉表彰被许多会员视为实现自我价值的重要途径。通过荣誉表彰仪式与荣誉徽章等象征性符号展示，"尊重嘉许"文化成为激励队员在公益服务中全身心付出的最好催化剂，也是提升服务队公益服务绩效的重要动力源。

（二）团队文化诸要素的协同作用

X 会建立起独特的组织文化体系。"四出"精神、"学习成长"文化、"尊重嘉许"文化分别以培育利他精神、契合完善自我需求、提供动力驱动的作用方式，为会员参与公益服务、投身公益事业提供行为导向。三种文化紧密交织，协同形塑。

"四出"精神与"学习成长"文化相互作用。"四出"精神要求服务队成员在参与公益服务中从外层公益理念"出钱"到核心公益理念"出心"，在不同层面上倾力付出。设计项目、参与调研、撰写报告，有利于锻炼队员的管理规划、调查研究能力；出席活动总结大会，能够提升沟通表达能力；与服务对象沟通、建立友好关系，能够获得心灵洗礼，激励队员更积极主动地承担公益责任。"学习与成长"是队员践行"四出"精神的最大收获。

与此同时，形式多样的嘉许奖励也对会员个人及服务队参与公益服务、践行"四出"精神以及在"学习成长"过程中取得的优秀成就给予了充分认可。在服务队及 X 会，"尊重嘉许"文化已经对"四出"精神、"学习成长"文化形成了强有力的正向激励反馈。

在 B-X 会，多参与收获快乐，勇于担当收获成长。通过践行"四出"精神，你会收获成长，这是在组织中的收获；通过参与服务项目，你会收获感动，"嘉许"是对你付出的肯定。（F16，男，前服务队队长/分区第一副主席，企业主）

六　公益组织的行动力生成

（一）公益组织行动力的制约因素

在当代中国，公益组织已经成为提供公共服务、推动社会建设的重要行动主体，总体上呈现良好的发展势头。然而，组织架构不完善、团体建设水平有限、资金资源匮乏，已经成为公益组织行动力建设的重要制约因素，影响了公益组织在社会建设中的作用发挥。

第一，部分公益组织出现组织架构混乱、规章制度欠缺、内部监管不完善等问题（玉苗，2014），公益组织的公信力被削弱，组织运行的不规范性问题凸显，组织行动力建设迟缓，组织绩效的提升遭遇瓶颈。

第二，部分公益组织的服务团队规模小、流动性强、专业水平低。组织成员人数长期处于低位，缺乏固定的人员招募机制，主要依靠志愿者开展活动；成员接受公益服务知识技术培训机会少、缺乏足够的专业化训练。人力资源缺乏严重影响公益组织的行动力提升，制约公益组织的可持续发展。

第三，资金与资源也是制约公益组织行动力生成的重要因素。我国公益组织运行的资金来源有政府财政支持、国内个人或企业自主捐助、海外基金会捐助等；公益活动的资金与资源主要依靠志愿者自筹或社会捐赠，来源渠道少、稳定性差，对公益组织的行动力产生不利影响。

与上述情况存在差异，B-X 会以服务队为公益服务的基本行动单元，建构完善的组织架构与规章制度，建设人员规模适度、成员多元化的专业化服务团队，汇聚团队成员的自身资源，通过组织文化调动会员参与公益服务的积极性，塑造出具有坚定组织认同、前沿性公益理念与专业化服务能力的公益行动者群体，激发与强化了服务队及 X 会的组织行动力。因此，总结归纳 B-X 会的实践经验十分必要。

（二）公益组织行动力的生成模式

在长期发展中，B-X 会逐步形成以基层团队为行动单元、团队结构为组织支撑、团队资源为激活引擎、团队文化为行为导向的组织行动力生成模式。

1. 团队结构对公益服务行动力的支撑

公益组织的团队结构为行动力生成提供组织支撑。严谨的组织制度与框架结构是行动力生成的前提保障，为行动者的资源交换提供基础。X 会的组织架构严密，已形成以团队规模适度、成员联系紧密、关系类型丰富、成员构成差异性大为特征的团队结构。

对创队人数的规定及以队长团队为核心的成员架构，保证了服务团队顺利运行，确保团队拥有充足的行动者传递信息、交换资源，确保服务项目得以高效率实施与执行。团队规模为行动力提供人力资源支撑。

对团队每月活动次数、活动参与率的要求，保证了团队成员之间充分必要的沟通频率；严格的入会引荐人制度，在新会员与老会员之间搭建起正规化的联结桥梁；由此，团队内部的沟通频率得以提高、联结紧密度得到强化，为信息交流反馈提供便利，有利于成员之间的分工协作，保证团队具有强劲的行动力。

丰富的服务、培训与联谊活动有利于形成多元关系，各种关系彼此影响、相互作用：咨询关系推动协作关系的发展，协作关系为强化咨询关系提供土壤，友情关系为协作关系、咨询关系提供辅助链接。多元关系推动团队行动力的多元发展。

经过长期经验积累，X 会形成独特的成员发展规范，对新成员的行业、年龄具有约定俗成的要求，这为团队成员构成的差异性提供保证。服务队成员在行业及年龄上的差异，引发资源完善互补、观念碰撞创新的效应，有助于提高团队行动力、高效实现公益服务目标。

2. 团队资源对公益服务行动力的激活

资源整合是行动力生成的关键引擎。在团队规模大、成员联系紧密、差异性强的公益组织中，合理的团队结构既有助于工具性资源的优化凝聚，确保服务项目顺利开展；也有助于情感性资源的交换，在成员关系类型丰富、紧密度高的团队中，情感纽带更容易建立，团队的向心力、凝聚力也更强。

工具性资源涵盖服务对象、服务场地与服务物资。服务队队员的差异性及衍生的人脉关系有助于和具有迫切需求的服务对象建立联结，确保服务项目的精准实施；服务队规模适度、队员差异性强，也为公益服务的开展提供了物资与场地的便利。完善的组织架构有利于推动工具性资源交换，使个体资源得以转化为可以动用的群体资源。

情感性资源是服务队的隐性资源。与其他组织相比，公益组织更加依赖成员之间的情感认同。关爱与联谊活动，能够营造"家"的氛围，有利于强化服务队成员之间的情感联结，使其从共同参与公益服务中感受愉悦。"快乐公益"促使团队成员发扬奉献、担当的公益精神，将帮助他人内化为自身行动的心理驱动。情感性资源作为工具性资源的辅助，以隐性方式引导团队成员投身组织行动力建设。

3. 团队文化对公益服务行动者的定向引导

公益组织对成员的文化塑造影响团队行动力的生产。组织文化的灌输与感化，能够指引团队成员付出、奉献，在参与服务项目中学习技能性知识，在与服务对象的交流过程中，感受精神震撼，接受精神洗礼，实现个人成长，引导会员形成共同的价值取向、服务理念，积极投身于公益事业，为公益组织的团队行动力的生成提供导向。

服务队成员加入 X 会的原因不尽相同：有的是出于资源吸引，希望在 X 会中结识更多优秀人士，建立优质的人脉关系、谋求良好的事业机遇；有的是一心做慈善，被 X 会的公益理念与公益服务项目所吸引；也有的成员是被 X 会不同于其他组织的多元包容文化所吸引。尽管加入动机各异，但大多数会员拥有对公益事业的热爱，希望通过公益服务实践活动，回报社会。

相似的公益理念将 X 会成员凝聚到一起，组织文化对团队行动者产生全方位影响。"四出"精神培育行动者的利他精神，引导会员在参与公益服务过程中感受社会疾苦、增强关怀天下的使命感。X 会为会员开设形式多样的培训活动，鼓励会员担任各层级各类别领导职务，在参与 X 会事务管理与公益服务中追求卓越、赋能自我，实现人生价值，营造"学习成长"的组织文化氛围。"尊重嘉许"文化，引导不同会员相互欣赏、相互成就、相互扶助，激励服务队成员为赢得"尊重""荣誉"而全身心付出，为团体行动力的生成注入"自我认同"与"社会认同"的引导。

综上所述，团队要素禀赋对公益服务行动力生成的作用机制，可以利用图3-2进行展示。

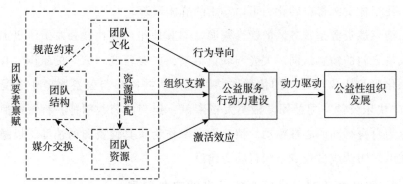

图3-2 团队要素禀赋对公益服务行动力生成的作用机制

七 团队发展与公益组织行动力生成的研究发现

本研究以 B-X 会的基本组织单元"服务队"为对象，考察公益组织服务团队的要素禀赋及其对团队发展的影响，重点探讨团队结构、团队资源、团队文化对团队行动者、团队行动力生成的作用，对公益组织的团队建设与行动力提升提出对策建议。通过研究，取得如下发现。

第一，团队结构内嵌于组织框架中。团队结构受到公益组织宏观架构的制约，适当的群体规模、团队的高紧密度、成员之间的多元关系纽带、成员构成的异质性，对优化公益组织的结构框架、推进公益服务的顺利开展具有极大的促进作用。

第二，团队结构影响团队资源的交换。公益服务项目为团队资源的应用提供平台；团队规模及成员异质性对工具性资源的生产与交换具有支撑作用；团队高紧密度和成员关系多样性，对情感性资源的生产与交换产生重要影响，关爱与联谊是强化团队情感内聚力的有效途径。

第三，组织文化对团队行动者具有形塑作用。在组织培训、公益服务中灌输与践行公益理念，有助于凝聚团队成员、培养其利他精神；倡导

"学习成长"文化、"尊重嘉许"文化，对引导团队成员挖掘自身潜能、实现自我价值，对调动团队成员的公益服务参与积极性具有强化作用。

第四，团队结构、团队资源与团队文化构成团队行动力的组织支撑、驱动引擎与行为导向，团队行动力直接作用于团队及公益组织的服务绩效及可持续发展。必须以服务团队建设为基础，发挥组织架构优化、资源开发与组织文化建设的协同作用，化解公益组织发展的行动力欠缺问题，为当代中国的社会建设作出更大贡献。

第五，B-X会服务队的团队建设及公益服务行动力生成经验，为公益组织的运行发展及类型划分提供了新的路径。B-X会服务队的团队建设，体现出由"认同型"组织文化向"赋能型"组织文化的升级；"致密型"组织架构的形成为突破"松散型"组织架构的局限提供了可能；与"外援型"资源依赖相比，"内向型"资源支撑对公益组织的良性发展同样重要；在依靠"对外联合"提升行动力的同时，"内生型"行动力建设不可或缺；团队建设水平的提升，有助于确立公益组织的主体地位，实现由"合作型组织"向"自主型组织"的转型。

第四章　公益组织运行中的党建引领

一　研究问题、研究视角与研究方法

（一）社会组织党建问题由来

社会组织党建问题由来已久。1994 年 9 月，党的十四届四中全会通过《中共中央关于加强党的建设几个重大问题的决定》，该决定指出："各种新建立的经济组织和社会组织日益增多，需要从实际出发建立党的组织，开展党的活动。"此后，各级各地党委普遍将新建立的经济组织和社会组织简称"两新"组织，逐步开展"两新"组织①党建工作，展现出社会组织党建与时俱进的时代背景。1998 年 2 月，中共中央组织部、民政部印发《关于在社会团体中建立党组织有关问题的通知》；2000 年 7 月，中共中央组织部印发《关于加强社会团体党的建设工作的意见》。此后，党和国家不断出台一系列加强社会组织党建的制度规定与指导意见。

2015 年 9 月，中共中央办公厅印发《关于加强社会组织党的建设工作的意见（试行）》(以下简称《党的建设意见》)，该文件的颁布具有重要意义。《党的建设意见》强调，县级以上地方党委要依托党委组织部门和民政部门建立社会组织党建工作机构，已经建立非公有制企业党建工作机构

---

① "两新"组织指新经济组织与新社会组织。新社会组织主要指改革开放以来，与政党、政府等传统的组织形态相比，在社会主义市场经济发展过程中新近出现的各类民间性社会组织，主要包括社会团体、基金会、民办非企业单位、部分中介组织及社区活动团队。改革开放后涌现出来的民间性公益、慈善组织是新社会组织的重要组成部分。

的，可依托党委组织部门将其与社会组织党建工作机构整合为一个机构，此后各地各级党委纷纷正式设立"两新"工作委员会。《党的建设意见》还指出，要遵循按单位、按行业、按区域建立党组织的原则，推进社会组织党的组织和党的工作有效覆盖、全领域覆盖，凡有3名以上正式党员的社会组织，都要按照党章规定，经上级党组织批准，分别设立党委、总支、支部，并按期进行换届。

2016年8月，中共中央办公厅、国务院办公厅印发《关于改革社会组织管理制度促进社会组织健康有序发展的意见》（以下简称《社会组织发展意见》），强调要"发挥党组织的政治核心作用，加强社会组织党的建设，注重加强对社会组织的政治引领和示范带动"。2018年7月，习近平总书记在全国组织工作会议上强调，"要加强社会组织党的建设"，"要探索加强新兴业态和互联网党建工作"（习近平，2018：14）。新经济组织与新社会组织就是新兴业态社会组织的主要构成部分。

在此背景下，各地党委和政府部门加快落实社会组织党建工作，对社会组织党建提出具体要求、制定相关指导标准，努力实现党建对社会组织的有形覆盖。

近几年来，社会组织党建工作取得可喜进展，也显现出一些问题，对社会组织发展与党组织政治核心作用的发挥产生影响。社会组织党建面临的一个常见误区是"重建党，轻党建"（徐越情、张倩，2019），即重点关注社会组织党建的数量指标、确保党小组全覆盖，相对忽视党建过程中的党员教育、党组织功能发挥、党建与社会组织运行的结合、党建对社会组织成员精神境界的提升、社会组织与党组织之间的资源流动与互通。总体而言，如何发挥党组织建设对社会组织团队建设、组织文化传承、组织运行的引领作用，成为促进社会组织健康发展的核心问题。

2015年9月，《党的建设意见》印发后，B-X会的党建工作在原有基础上取得进一步发展。社会组织党建的特殊性是什么？党组织建设与社会组织运行如何有效结合？发挥党建对社会组织运行与发展引领作用的实践路径是什么？对B-X会党建工作开展个案研究，将为公益组织与其他社会组织的党建引领作用发挥提供参考与借鉴。

（二）研究视角

党建引领强调的是党组织建设与社会组织运行的有效结合、良性协调，党员先锋模范作用与社会组织规范化建设相结合，通过党建助推社会组织发展，更好地发挥社会组织在当代中国社会建设中的主体作用。

党建引领体现出党和国家对社会组织发展提出的新要求，即通过党组织建设与社会组织日常工作相结合，推动社会组织自觉向党组织靠拢，化僵化的组织结构为相互融合的工作机制，实现党组织与社会组织的协同发展与同向共赢（蒋远喜，2019；马超峰、薛美琴，2020；袁校卫，2020）。

有效发挥党建对社会组织发展的引领作用的第一步是对社会组织党建工作作出具体规定，将党建写入社会组织章程，在社会组织中建立党支部；第二步是引导社会组织主动靠近党组织，推动党建与社会组织团队建设、业务工作相结合，发挥党员在社会组织中的先锋模范作用，推动党建与社会组织发展双向赋能，推动社会组织良性发展。

（三）研究方法

其一，访谈法。研究者利用在 B-X 会实习的机会，选取 10 名 B-X 会党支部负责人、领导 X 友、服务队队长及普通会员，设计访谈提纲，进行结构式与半结构式访谈，重点关注 B-X 会党建工作的开展情况及党建工作与 X 会日常运行的结合。

其二，文献法。在秘书处帮助下，研究者查阅和梳理 B-X 会的年度工作报告、党建及日常工作规章制度；与此同时，查看 B-X 会微信公众号、官网刊载的相关报告与公告，以便更全面地了解 X 会的党建与日常运行情况。

二　制度驱动下社会组织党建工作的开展

（一）党建对社会组织党建工作的制度规定

《党的建设意见》对社会组织党建工作作出规定，阐明了社会组织党组织的功能定位，对社会组织党建工作的总体要求作出明确指示，强调要根据不同社会组织的特点建立党组织，本着应建尽建的原则，加大党组织组建力度，实现党组织全覆盖。《党的建设意见》还对社会组织党组织的队伍建设、管理体制与工作机制等作出明确规定。

1. 党建与党和国家对社会组织发展的引导

加强社会组织党建工作，以更好引领社会组织发展方向，这是《党的建设意见》印发的重要出发点；2017 年 10 月党的十九大召开，党的十九大报告指出，要"把企业、农村、机关、学校、科研院所、街道社区、社会组织等基层党组织建设成为宣传党的主张、贯彻党的决定、领导基层治理、团结动员群众、推动改革发展的坚强战斗堡垒"（习近平，2020：51）；2022 年 10 月党的二十大召开，党的二十大报告强调，要"加强新经济组织、新社会组织、新就业群体党的建设"（习近平，2022：68）。

2023 年 3 月，《党和国家机构改革方案》提出组建中共中央社会工作部，将指导新经济组织、新社会组织、新就业群体党建工作，指导社会工作人才队伍建设，负责全国志愿服务工作的统筹规划、协调指导、督促检查。《党和国家机构改革方案》要求，各省、市、县级党委组建社会工作部门，相应划入同级党委组织部门的"两新"工委职责。

上述"意见""报告""方案"均强调，要通过党的建设确保社会组织发展的正确方向、推动社会组织健康发展。加强社会组织发展，加强党建对社会组织发展的引领，是中国特色社会主义建设与社会治理体系创新升级的客观需求。

中国幅员辽阔，各地历史社会文化差异大，地区发展水平参差不齐。相对而言，各级政府部门的社会建设与社会治理重视诊断共性问题、制定普适性政策，关注差异性问题的精力相对有限，对多元化、差异化、灵活性、瞬变性社会需求的响应能力相对不足。在这种情况下，发挥社会组织特别是公益组织对社会治理与社会建设的辅助、补位作用十分必要。

政治方向正确是社会组织功能充分发挥的前提。当前部分草根型社会组织或未被有效监管的社会组织，在参与社会治理与社会建设过程中，个别组织存在的方向性问题，已经在某种程度上成为当代中国社会稳定与社会发展的不利因素。因此，加强社会组织党建工作、保证社会组织发展的正确方向迫在眉睫。

《党的建设意见》提出，"社会组织党组织是党在社会组织中的战斗堡垒，发挥政治核心作用"，"要着眼履行党的政治责任，紧紧围绕党章赋予基层党组织的基本任务开展工作，严肃组织生活，严明政治纪律、政治规矩和组织纪律，充分发挥党组织的政治功能和政治作用"；社会组织党组织的基本职责表现在保证政治方向、团结凝聚群众、推动事业发展、建设先进文化、服务人才成长、加强自身建设等方面。

2. 党建与形塑社会组织的政治认同

形塑社会组织的政治认同是加强社会组织党建的重要目的。在《党的建设意见》中，这种考量主要体现为通过党建工作的引领，强化社会组织对中国共产党领导社会治理与社会建设事业的政治认同，具体包含利益认同、制度认同与价值认同等三个方面。

第一，利益认同。作为政府、市场之外的第三方主体，社会组织具有自身的组织目标与利益需求。《党的建设意见》指出，要强化社会组织的政治认同，必须为其组织目标的实现、利益需求的满足创造条件与提供保障。《党的建设意见》提出，要"建立多渠道筹措、多元化投入的党建工作经费保障机制。……支持具备条件的社会组织建设党组织活动场所，在社会组织相对集中的区域统筹建设党群活动服务中心。鼓励企事业单位、机关和街道社区、乡镇村党组织与社会组织党组织场所共用、资源共享"。

第二，制度认同。政治认同总是与特定的社会制度紧密联系在一起，政治认同的形成与对保障特定政治、经济及其他利益的制度体系的认同密切相关。《党的建设意见》对支持与保障社会组织党务工作者的权益提出明确的制度指导意见：要确保社会组织党务工作者干事有平台、待遇有保障、发展有空间；要注重推荐优秀党组织书记作为各级党代会代表、人大代表、政协委员人选，作为劳动模范等各类先进人物人选；建立社会组织党务工作者职务变动报告制度，维护党组织书记坚持原则的正当权益与待遇。这些强化管理和激励的规章制度，对形塑社会组织及党建工作者的制度认同与政治认同具有重要作用。

第三，价值认同。价值认同是个体在社会交往与社会实践中形成的价值倾向，体现为对特定的价值观念、道德规范与社会伦理的认可与肯定，对个体与群体的实践发挥导向作用。《党的建设意见》提出，要通过社会组织党建工作，用社会主义核心价值观引领社会组织文化建设，组织丰富多彩的文化活动，营造积极向上的文化氛围，发挥社会主义意识形态与社会主义核心价值观对社会组织价值观的指导与引领作用，引导社会组织党员、成员在参与社会组织活动过程中自觉践行社会主义核心价值观，通过正确的价值认同打造牢固的政治认同。

增强社会组织的政治认同有助于发挥社会组织在社会治理与社会建设中"承担公共服务""引导公众参与""充当社会缓冲器"的作用。上述功能的发挥，以社会组织对党和国家有关部门监督管理的政治认同为前提，社会组织党建工作的开展有助于达成上述目的。

（二）制度驱动与社会组织党建工作的常态化

《党的建设意见》《党和国家机构改革方案》为社会组织党建明确了基本路径与工作机制。在此背景下，中 X 完善自身组织章程，向各地方代表处下达工作指示，B-X 会的党建工作在 B 市残联的具体指导下，稳步开展；A 省、B 市陆续成立社会组织综合党委、党委社会工作部等部门机构，颁布相应制度规章条例，推动社会组织党建工作的常态化。

1. X 会：签订党建承诺书与完善组织章程

2016 年 8 月，中共中央办公厅、国务院办公厅在下发《社会组织发展意见》时明确提出，要加强社会组织党建工作基础保障、推动将党的建设写入社会组织章程。2018 年，中共中央印发的《中国共产党支部工作条例（试行）》要求，社会组织凡是有正式党员 3 人以上的，都应当成立党支部。该条例为完善社会组织党建工作提供了党内法规依据，推动了党章与其他党内法规嵌入社会组织章程。

2016 年 9 月，民政部发布通知，要求社会组织在成立登记时同步开展党建工作，同时提交《社会组织党建工作承诺书》。通知发布后，各地民政部门纷纷要求新申请成立的社会组织在登记前要签订"承诺书"，已经成立的社会组织也要补签"承诺书"。

B-X会正式成立于2013年1月，B-X会党支部也同时成立。尽管党支部成立、党建工作开展已经有三年多的时间，但民政部、A省、B市有关部门的通知与工作部署发布后，B-X会党支部也补签了《社会组织党建工作承诺书》。

A省、B市相关部门监督制订的《社会组织党建工作承诺书》主要内容有5条，如表4-1所示。

表4-1 社会组织党建工作承诺书

党建工作主要内容
①坚持中国共产党的领导，执行党的路线、方针和政策，走中国特色社会组织发展之路； ②按照相关规定建立党组织、开展党建工作； ③建立健全党支部工作机制，支持党员参加党的活动，保障党员的合法权益，发挥党员的先锋模范作用； ④支持配合党的纪律检查机关和上级党组织查处本单位违规违纪党员； ⑤为党组织在本单位内开展活动提供必要的场地、经费和人员支持。

2021年8月，修订后的《中国X会章程》经会员代表大会会议表决通过，首次将"党建工作"正式写入X会组织章程，并将其作为独立的一章完整列出。对X会中党组织的定位、基本任务、作用发挥、负责人人选、活动开展保证等内容进行了明确规定，如表4-2所示。

表4-2 中国X会章程（节选）

第三章 党建工作
第十条 本会按照党章规定，经有关地方残疾人联合会党组织批准设立党的基层组织。 第十一条 党的基层组织是党在本会服务队中的战斗堡垒，发挥保证和促进作用。基本任务是：引导和监督X会依法执业、诚信从业，教育引导会员增强政治认同，引导和支持本会有序参与社会治理、提供公共服务、承担社会责任，推动本会健康有序发展。 第十二条 本会变更、撤并或注销，党组织应及时向上级党组织报告，并做好党员组织关系转移等相关工作；本会相关负责人人选报上级党组织审核。 第十三条 本会为党组织开展活动、做好工作提供必要的场地、人员和经费支持，将党建工作经费纳入管理费用列支，支持党组织建设活动阵地。 第十四条 本会基层党的组织负责人由各地残疾人联合会党组织委派。 第十五条 为保证和促进基层党的组织作用的发挥，本会在重要事项决策、重要业务活动、大额经费开支、接受大额捐赠、开展涉外活动等方面听取基层党组织意见。

《中国X会章程》理顺了相关主体在党建工作中的责任边界，为B-X

会党组织建设的顺利开展提供组织架构与管理模式保证。中 X 是在民政部登记的全国性社会组织，B-X 会是中 X 的地方代表机构，B 市残联是 B-X 会的业务主管部门。依据《中国 X 会章程》，B-X 会党支部的设立须经 B 市残联党组批准，党支部负责人由 B 市残联党组委派，在党组织建设方面接受 B 市残联党组的指导。

2. 省、市社会组织综合党委成立及工作开展

2019 年 1 月 1 日，A 省社会组织综合党委（以下简称"A 省综合党委"）成立，党委设置在省民政厅，承担省民政厅直接登记和业务主管的全省性社会组织党建工作，由省社会组织管理局相关负责人担任党委书记。

A 省综合党委成立后，组织开展了"百日攻坚"行动，大力推进社会组织党组织全覆盖，要求符合条件的社会组织必须建立相应的党组织。指派相关人员指导社会组织党建工作，对社会组织党建的各项任务提出具体要求，编制工作时间表、任务图、问题清单，改进对策等，加强社会组织党建的规范化；建立社会组织党建工作量化认证体系，为发挥党建对社会组织运行的引领作用提供保证。

A 省综合党委对社会组织党支部的日常活动也提出具体要求。明确对党员工作提出指导意见，对党员教育、党员管理、党员发展等项目进行检查；指导社会组织党支部加强"三会一课"等制度建设；督促社会组织党支部认真开展党建基本保障工作。

A 省综合党委通过开展社会组织党支部书记、党务工作者培训，努力提高他们对党建工作的认知、提升其党建能力水平，为党建工作的开展提供常态化人员保障。派驻工作团队到各社会组织党支部进行调研、督促工作落实，对各社会组织党支部建设情况、党建活动室设置、活动开展、学习记录以及党建档案整理等各方面工作进行详细检查，推进社会组织党组织建设的常态化。

2020 年 12 月，B 市社会组织综合党委（以下简称"B 市综合党委"）成立，由 B 市民政局巡视员担任书记。B 市综合党委成立后，在社会组织党建方面开展一系列工作。

对新注册登记的社会组织，实行党建工作与登记管理工作"三同步"，在注册登记时，同步采集党员信息，同步组建党组织，同步指导社会组织将党建工作列入组织章程。

加强党建工作全面嵌入社会组织各项工作，将党建工作作为社会组织"工作年报""等级评估""党组织换届改选""购买服务""孵化培育"的重要汇报内容与考察维度。

强化党建工作标准化、规范化制度建设，编制印发相关文件。

强化党建工作阵地建设，通过单独建立、联合建立和选派党建工作指导员等方式，推动市本级社会组织党支部建立，实现党建工作的有效覆盖。

开展主题党日活动，组织社会组织及党务工作者前往党建基地参观学习，重温党的发展历程，坚定理想信念，增强社会组织的时代责任感和使命感，推动社会组织党建由"有形"向"有效"转变。

3. 省、市民政部门：将党建纳入社会组织评估指标体系

在社会组织评估指标体系中加入党建工作指标，是保证党建引领作用发挥的重要途径。A省民政厅明确提出，将社会组织是否建立党组织、是否实现党小组全覆盖作为社会组织评估的硬性指标；5A等级社会组织必须建立党组织并实现党小组全覆盖，4A、3A等级社会组织也应将党组织建设工作纳入考核指标中。党建逐渐成为社会组织评估中具有"一项否决"权重的重要指标。

对社会组织而言，推动党建工作达成评估评级的相关指标要求影响重大。一方面，获得评定的级别高，能够提升自身的公信力和知名度，为更好开展业务活动创造条件；另一方面，获评3A以上（含3A）等级的公益组织，还可以申请公益性捐赠税前扣除资格，这对公益组织的运行产生重要的经济影响。

在国家及A省相关制度文件的框架下，依据A省民政厅相关部署，B市民政局对相关社会组织的党建情况也进行摸排调查，将党建工作纳入社会组织的年终报告、等级评估等工作中。

4. 省、市委社会工作部成立：强化对社会组织党建统筹领导

中共中央社会工作部的组建开启了社会组织党建工作的新阶段，强化了党对社会组织党建工作的统筹领导。

2023 年 12 月，根据《党和国家机构改革方案》的要求，A 省委社会工作部正式成立，统一领导 A 省行业协会商会党的工作，指导新经济组织、新社会组织、新就业群体党建工作，指导社会工作人才队伍建设，负责志愿服务工作。A 省委"两新"工委书记由省委社会工作部部长担任，另有副部长担任全省性行业协会商会党委书记。A 省综合党委仍然设置在省民政厅，A 省委社会工作部对社会组织党建进行指导。

成立半年多来，A 省委社会工作部开展的相关工作主要有：启动实施行业协会商会党建工作规范化建设，颁布相关文件；开展专题调研，了解 A 省志愿服务和社会工作人才队伍建设工作现状、成效成果、存在问题、发展趋势。

2024 年 4 月 28 日，B 市委社会工作部正式成立，加挂 B 市委"两新"工委牌子，其职能包括指导和统筹全市性社会组织党建工作，指导和推动"两企三新"① 党建工作，负责 B 市志愿服务工作和指导社会工作人才队伍建设。

5. 多元主体推动下的社会组织党建常态化

中 X 在民政部登记，B-X 会为其地方代表处，以 B 市残联为业务主管单位，党建工作接受 B 市残联党组的指导。省市社会组织综合党委承担的本级登记社会组织党建职能、省市党委社会工作部对属地内社会组织党建的宏观统筹指导，为 B-X 会党建工作的开展提供了"在地性"的背景环境与实践引导。

正是在上述多元主体的共同作用下，与许多其他的社会组织一样，B-X 会的党建工作在常态化轨道内得到推进。

三　党建对社会组织运行与发展的有效引领

党组织建设的制度驱动、政策推动，对社会组织形成环境迫力，而党建对社会组织运行与发展的有效引领，为社会组织党建工作的顺利开展提

---

① 在党建工作中，"两企三新"中的"两企"指混合所有制企业、非公有制企业；"三新"指新经济组织、新社会组织、新就业群体。

供了充分的保障。在 B-X 会的个案中，组织嵌入、文化嵌入与服务嵌入是党建对社会组织运行与发展发挥引领作用的重要途径，而党建对 B-X 会公益服务开展的有效促动，是引领作用发挥的关键所在。

（一）党建对社会组织的激活效应

在特定条件下，党建引领社会组织运行，有助于优化社会组织资源、提升社会组织公信力、加大社会组织服务宣传力度，为社会组织的发展注入活力。

1. 党建引领对社会组织资源的优化

需要注意的是，社会组织党组织与常规体制内政府机关、事业单位的党组织存在一定差异。社会组织具有特定的组织架构与组织目标，确立党组织建设与社会组织独特运行逻辑的适当衔接点，是确保社会组织党建引领作用发挥的关键所在。

中 X 是公益组织。在 B-X 会的 2800 多名会员中，中共党员近 200 名，会员们对社会组织党建的了解相对有限。一开始，在部分会员看来，自己加入 X 会只是为了做公益，党建工作与自己的公益服务实践并无多大关系。而随着社会组织党建工作的逐步开展，许多会员逐渐发现，党建并不是外在于社会组织的"形式"，相反，在一定程度上，能够为 B-X 会的公益服务链接到更多优质资源。这种资源优化效应使党建工作逐渐被越来越多的会员所接受。

> 其实大家一开始对在 B-X 会建立党组织这个事情，也没有多积极，觉得我就是来做好事的、建立党组织跟我们也没什么太大关系。但是在做公益的过程中，确实发现党建能让 B-X 会与更多的公益资源对接，更便利地走进更多社区，更好地帮助弱势群体。渐渐地，大家对于党建工作也越来越接受了。(F08，女，监督组副主任，企业主)

党建为社会组织运行带来新的资源补充渠道（刘璐、董芹芹，2021）。通过党建，公益组织可以从三种不同的渠道获取资源。

一是从党组织，特别是上级党组织，直接获取各类资源支持。

二是借助党组织的政治身份，在争取服务购买项目、政策优惠扶助等方面占优势，能够优先获取政府资源支持。

三是发挥党组织与其他主体，特别是政府部门互联互通、协调合作的"基建"平台作用，拓展资源获取途径。

作为特殊类型的社会组织，公益组织要想实现培育社会力量、增进社会福祉、推动社会进步的组织目标，必须与其他社会主体建立密切、深入、有效的联系，比如，有效链接志愿者、其他公益机构、社会组织生态上下游，因为单靠自身的力量无法为公益目标的实现提供充分支撑。为此，公益组织需要与上至政府、党委，下至社会、社区，旁至各类企事业单位的不同主体，打通关系、建立联系。在这个过程中，党组织与党建就发挥着天然的"桥梁"作用。

党建为 B-X 会实现与政府、党委部门的联结提供了机遇，为公益服务的更好开展提供了保证。总体而言，作为社会组织，B-X 会掌握的社会服务需求、社会建设信息相对单一。党建工作的开展使 B-X 会得以更方便地与诸多政府部门、社会主体沟通、交流各类信息，有利于更精准地把握公益服务需求者的情况、了解其真实需求、提供有针对性的服务。在谈到党建对公益服务的促动时，多名领导 X 友都提及党建的信息汇集、资源链接作用。

现在好多政策都非常好，比如，为促进社会组织发展而给社会组织提供一些资源支持、信息和便利条件；如果没有信息渠道，我们就不知道哪些人需要资助、哪里有困难人群、哪里有项目需要社会组织去做、政府给予哪些方便。比如，某地发洪水了，我们要将物资送过去，就需要有相应的政府部门联系乡镇，让我们的这些物资能够有人接收，或者协助我们送到受助者家里去。这些信息渠道，都需要政府部门的支持。（F29，女，秘书长）

我们扩大了党建的范畴，既连接党政机构，连接企业捐赠人，也连接我们的公益同行，甚至连接我们的扶助单位，包括欠发达地区的

教育系统和学校老师。其实，我们是通过跨界联结的党建活动，扩大朋友圈。（F05，女，秘书处干事长）

B-X 会的实践表明，社会组织中的党组织，能够发挥信息汇集传导、资源调配链接的中介作用，这对强化社会组织运行的党建引领具有正向促进作用；在此过程中，社会组织及其成员对党建工作内涵的理解、对其重要性的认知，逐渐得以清晰明确，社会组织党建也慢慢获得了内生性动力的呼应。

2. 党建引领与社会组织公信力的提升

对社会组织，特别是公益组织的发展而言，公信力具有举足轻重的地位：缺乏公信力，公益组织不可能发展壮大；公益组织的发展出现问题，其公信力也常常面临质疑。

接受访谈的一名服务队队长指出，公信力对吸引会员、留住会员、开展公益服务至关重要；如果失去公信力，服务活动就无法顺利开展。

我们开展一些服务工作，或者说做一些项目的时候，如果组织没有公信力，人家肯定不相信，也不愿意参加；但是如果公信力高，大家对于提供的服务和开展的活动，就会有一种信任，就会积极参加；不管是对项目的顺利开展，还是对我们的服务来说，这都是非常重要的。（F30，男，服务队队长，企业主）

党建在提升公益组织的社会公信力方面发挥着重要作用。党组织在提升公益组织的公信力时，实际上采取了"行政担保"的形式：通过党组织的政治信誉加强与保障公益组织的社会信誉，有助于缓解与消除公益组织面临的外部疑虑，提高社会各界对公益组织的信任度。B-X 会、B-X 会党支部努力通过参与及配合政府及相关部门（比如民政、共青团、残联等）的工作与活动，表征与提升自身的公信力；也积极邀请地方党政领导出席 X 会相关服务及活动的启动仪式，来提升自身及服务项目的合法性与公信力。提升公信力，不仅便于在开展外部活动时获取更多的信赖，也会对公益组织的成员产生激励作用，有利于增强组织凝聚力。

一个社会组织的公信力必然要和政府与党组织挂钩。去年 B-X 会获得了 8 次政府相关奖励与荣誉，目前还在申报 A（省）慈善奖。这种公信力，对于开展服务活动、增加 X 会的外部信任，同时对会员来说，都是一种激励，对提高会员保留率也具有一定的积极作用，能够吸纳更多会员。（F31，男，前主席/前党支部书记，教育机构负责人）

3. 党建引领与社会服务宣传力度的加大

党建为社会组织与党政部门的沟通搭建桥梁，为政社互动提供重要纽带（葛亮，2018），也为推动社会组织的形象建构与对外宣传提供了新的切入点。

B-X 会设有公共关系与宣传委员会；创建网站，开通微信公众号、视频号、抖音号，成立通讯社，出版会刊；在国家省市残联、政府部门、职能单位网站发布报道，加强省市报纸、电视等官方媒体的报道宣传，在自办平台开辟社会视角、回音壁等专栏传达服务对象及受助者的反馈与呼声。在访谈中，许多领导 X 友表示，希望借助党建工作对会员服务参与、B-X 会日常运行、上级党组织及政府部门监督引导的联结作用，宣传优秀会员（特别是党员会员）先进事迹，推介 X 会代表性公益服务项目及突出性工作成果，加大宣传力度、优化宣传效果、提升社会可见度。

我们每年都会邀请民政、残联等部门的领导，党建或者这种类型的活动是一个很好的出口。一方面让他们有机会了解我们社会组织开展的工作和服务成果；另一方面也是通过这样的方式，让政府部门来传递一些我们关注比较少，但对我们发展有重要指导作用的政策。所以，我们要借助党建，把我们的成果和需求反映上去，把上面的政策很好地理解清楚和传递下来，让我们公益组织在党和政府的事业中有能见度。（F31，男，前主席/前党支部书记，教育机构负责人）

很重要的一点是，你真的要去了解我们的党和政府在关注什么，他们的工作目标是什么，然后结合我们自身的工作，很有效地转换成与他们衔接度比较高的内容。举个例子，去年我们开展党建活动，当时 B 市政协、B 市委统战部、B 市妇联很多人都到了，我们活动的主题是"助力脱贫攻坚"，这个话题跟党政部门的工作目标以及想要了解的事情、想要传达的内容是非常契合的，这时候把他们邀请过来，能很好地借机把我们的成果和价值传递出去。（F32，女，服务队老八队成员，企业主）

国家省市残联、民政部门、中 X 拥有系统成熟的党组织建设成果、经验的统计汇总、宣传报道、交流研讨渠道，B-X 会、B-X 会党支部经常参加相关工作研讨、经验交流会议。B-X 会、B-X 会党支部努力把握工作成果向上传递的通道，通过党建工作交流汇报渠道将先进党员事迹、公益服务成果上传、汇报到上级党组织，在党建系统内进行宣传播报，增进了 B-X 会及其公益服务、发展建设成果的可见度。

B-X 会的领导团队清醒地认识到，作为公益组织，B-X 会开展的活动必须契合"讲述正能量故事，推进美好社会建设"的基本原则，借助党建工作的引领，有意识地与各级政府部门建立顺畅的交流沟通协调通道，有力保证了上级党政部门对 B-X 会发展、党组织建设、公益服务成果的了解与认可。党组织建设为塑造良好的"党""政""社"关系提供了正确的方向引领与有效的链接渠道。

（二）党建对社会组织运行的引领策略

在民政部及省市相关部门下发文件、从制度层面推动党建工作常态化的情况下，提升社会组织党建的效果势在必行。对 B-X 会而言，问题的关键就转变为：如何为党建引领作用的发挥创造条件。通过组织引领、文化引领与服务引领，B-X 会党支部摸索出成熟的党建引领经验。

1. 组织引领：功能型党支部建设

（1）B-X 会党支部的定位

2013 年 1 月，在 B-X 会正式成立的同时，经中共 B 市残疾人联合会机关委员会核准批复，B-X 会党支部成立，在其指导下开展党建工作及公益服务；B-X 会党支部成为中 X 的第一批党支部之一，根据相关法规履行功能型党支部的职能。第一届党支部的任期为 2013 年 1 月至 2018 年 8 月。

功能型党支部是近年来在党建实践中产生的一种新的党组织形式，是在部分社会团体组织架构不稳定、党员流动性较大的情况下加强党组织建设的积极尝试（刘丹、王连花，2021）。成立功能型党支部的目标是：以"地缘、业缘、趣缘"为纽带，把社会组织、社会团体内的党员汇集到一起，成立党支部或党小组，依照相关规定开展工作，推动社会组织、社会团体良性运转，实现基层党组织设置由传统型向开放型转变、党员活动由被动参与向主动参与转变。功能型党支部的运行遵循"三不"原则：不发展党员、不转接党组织关系、不收取党费。

以相关制度规定为指引，B-X 会党支部经过摸排，结合自身具体情况，确立了推动功能型党支部建设的基本原则与实施方案。

B-X 会党支部规定，党员数量 3 人及 3 人以上的服务队要成立独立的党小组；如果某支服务队党员数量不够，就以分区为单位、相近的两个或三个服务队的党员组成一个党小组。经过摸底，截至 2023 年 3 月，B-X 会拥有 102 支服务队 2814 名会员，其中党员会员 194 名，最终设立党小组 14 个，实现了党小组在 B-X 会的全覆盖。

（2）党支部领导班子构成

《党的建设意见》指出，要选优配强党支部书记；社会组织的党支部书记基本上从社会组织负责人中产生；如果负责人不是党员，可从其他管理层中选拔党支部书记；社会组织中没有合适人选，可提请上级党组织选派。为加强对社会组织党建工作的指导，主管部门、上级党组织还常常向社会组织党支部派驻第一书记，指导与支持社会组织党支部书记开展工作。

B-X 会的第二届党支部于 2018 年 8 月经换届选举产生。

2018 年 7 月，中共 B 市残联机关党委在 B-X 会党支部设立第一书记，委派已担任 B-X 会秘书长的市残联组联部部长担任第一书记，加强市残联与B-X 会的沟通、指导 B-X 会党建工作、筹划召开 B-X 会党员代表大会、选举第二届党支部。新一届党支部的书记与委员人选由上级党组织和 B-X 会共同提名，提名条件为中共党员、B-X 会领导成员或担任重要职务的会员。

8月，B-X 会召开党员代表大会进行换届选举，第二届党支部产生，8人当选委员，B-X 会 2017~2019 年度主席当选为新一届党支部书记。2019年 8 月，因年度主席卸任、不再担任党支部书记，B-X 会党支部召开工作会议，进行党支部改选并报 B 市残联批复，产生新一任支部委员，原党支部副书记接任党支部书记。

B-X 会的领导 X 友与重要职务均由会员担任。会员通过参与公益服务与管理日常事务，从普通会员到服务队队长再到成为更高层级的领导 X 友，需要经过层层推举选拔，对 B-X 会的运行与管理拥有较为全面的了解。从他们中间选举产生党支部书记与支部委员，为党建工作的顺利开展、党建与 X 会日常运行的良好结合提供了充分保障。

（3）党支部的功能——引领作用

国际 X 会 1917 年于美国成立。国际 X 会公益服务传入中国时经历了本土化过程。2005 年 6 月，经国务院批准中 X 成立，以中国残疾人联合会为主管单位，与国际 X 会保持合作关系，依照中国法律独立运作、开展慈善公益服务。中 X 的国际源流及公益组织特性，使其一开始就受到党政部门的高度关注，在其内部开展党建工作、发挥党组织的政治引领作用，面临独特的政治语境。在发展过程中，中 X 认识到，必须以党和政府的信任为依托、走中国特色社会组织发展之路，将国际 X 会的经验与中国实际相结合，创造出符合中国国情与文化传统的公益组织架构与运行模式。

B-X 会是中 X 的地方代表机构，以 B 市残联作为业务主管单位。在中共中央办公厅下发《党的建设意见》、地方党政部门出台社会组织党建配套文件后，B-X 会、B-X 会党支部多次召开会议部署加强党建工作。许多接受访谈的 B-X 会领导成员认为，党组织的重要功能就是对 X 会的运行发挥政治引领作用，确保 X 会的正确发展方向。

> 残联向 B-X 会及党支部派驻秘书长及第一书记，主要作用就是发挥引导功能，确保正确发展方向；X 会是从国际引进到中国的社会组织，更要确保方向的正确，不能完全照搬、直接应用国际 X 会的一套

做法，必须有中国特色，中国特色就是要坚持在中国共产党的领导下开展活动；所以从管理上、从活动上、从讲政治的角度，都必须结合地方实际，首先是结合中国国情，在政治上必须旗帜鲜明，拥护中国共产党的领导。（F29，女，秘书长）

中国共产党是当代中国治理与社会建设事业的领导核心。在内部建立架构完善的党组织，更容易帮助公益组织从外部获得国家与公众的认可与信任——党组织建设对公益组织获得政府购买项目、拓宽公益服务资金筹措的社会渠道具有重要的推动作用。许多社会组织的发展历程表明，获得党和政府认可与支持的公益组织具备保持长久活力的可能性，而丧失其认可与信任的公益组织往往容易在发展过程中陷入困境。

（4）党建引领与组织自主性

有领导 X 友指出，党组织不会刻意参与及影响 B-X 会的具体事务管理与公益服务，主要是通过在 B-X 会决策管理、服务活动中"在场""出场"，发挥政治引领作用，B-X 会的相关工作主要通过办公会议进行决策。

> B-X 会的党支部书记不同于理事长或秘书长，在社会组织里的任务是把握政治方向，而不会刻意参与具体业务，更多的任务是画红线、列负面清单。线外的事、违法的事、违反党和国家利益的事不能做，这需要党组织的监督；红线内的事，是跟社会组织的使命价值一致的事，在这方面，B-X 会的领导团队与党组织达成共识，只是两者做事的方式、方法可能会有不同。作为国内较为成熟的公益组织，X 会内部有明确分工，如果是政治方向的事，毫无疑问需要听从党组织的意见；如果是业务方面的事，主要由理事会进行决策。两者互相补充，共同推动 X 会的发展。（F08，女，监督组副主任，企业主）

X 会拥有完善的组织架构与决策流程。为提高公益服务水平，B-X 会设立服务项目委员会，同时组成项目评审专家团队进行立项把关。专家团队成员必须同时满足以下条件：担任过一届服务队队长，对公益服务项目的策划、管理和执行具有丰富经验，是入会至少五年的五星级以上会员。服务项目委员会与评审专家团队的具体决策过程，党支部一般不会特意参与意见表达。

（5）党支部建设的助推力量

党建为 B-X 会党支部成员及骨干领导 X 友参与市残联、中国残联、中 X 的交流学习活动提供机会。以 2020～2021 工作年度为例，B-X 会党支部第一书记及骨干领导 X 友参加了 B 市残联召开的党组理论学习中心组（扩大）学习会、B 市残联党风廉政建设工作会议、中国残联"促进中国 X 会健康有序发展座谈会"、2020～2021 年度中 X 党建工作座谈会。

B-X 会是中 X 的地方代表机构，中 X 的党建规章制度为 B-X 会党建工作的开展提供了指引。根据《中国 X 会关于党建工作定期汇报的通知》要求，B-X 会党支部每个季度都要向中 X 汇报党建工作进展；B-X 会党支部第一书记、书记也会出席中 X 有关研讨会议、全国 X 会经验交流座谈会等重要活动。向其他地区 X 会代表处学习党组织建设先进经验、积极探索功能型党支部建设路径，为 B-X 会的健康发展提供了有力支撑。

2. 文化引领：党员教育与公益文化宣传

文化嵌入主要指通过党员学习教育，实现党建文化对公益组织价值观及文化建设的指引，提升党组织建设对公益组织运行的有效指导。

（1） B-X 会与市残联开展党员学习教育合作

在国家、省、市社会组织党建宏观政策调整与部署驱动下，从 2017 年开始，党组织建设被正式列为 B-X 会的年度主要工作之一。

B-X 会的业务主管部门为 B 市残联，B-X 会的秘书长与党支部第一书记由 B 市残联派驻专门工作人员担任，通常情况下由一人兼任。这既为 B 市残联在党建工作中对 B-X 会发挥引领作用提供了组织、制度保障，也为 B-X 会与市残联在党员学习教育中加强合作提供了便利条件。

"助残"既是 X 会公益服务的重点领域之一，也是各地代表处以各地残联为业务主管部门的主要考量。2017 年至今，B-X 会党支部开展的大多数党建活动采取与中共 B 市残联机关委员会及其下设各党支部、市残联专门协会联合党支部共同举办的方式。B 市残联副理事长、机关党委负责人、组联部部长、各机关及协会党支部负责人、党员代表，B-X 会党支部负责人、党员代表、B-X 会领导团队成员共同参加活动，已经成为党建工作的惯例。

残联在 B-X 会党建活动中"导演""出场""联合主演"，使 X 会的党组织建设得以超越一般社会组织党建的"偏'社会'性"局限，有利于发挥党建对中国特色社会组织发展的道路引领作用。

（2）党员学习教育与党建的文化引领

①组织文化与党建文化的关系

中 X 发展至今、受到认可，一个重要的原因是，拥有独特的组织文化支撑，强调"出心、出力、出席、出钱"的"四出"公益服务精神。

> 我觉得 X 友们都是非常正能量的，在每个服务活动中发光发热、不断成长，体现自己的价值，在服务过程中也能向其他 X 友学习。我在 B-X 待了九年，B-X 教会我亲力亲为地去服务，勇于担当，在这个过程中不断提升自我，让自己得到成长。（F32，女，服务队老八队成员，企业主）

组织文化有助于提升公益组织的凝聚力，对增强组织成员对组织的忠诚度与自豪感具有重要意义。对组织文化的高度认同，往往使组织成员对其他外部文化的输入存在不同程度的疏离，这折射出社会组织党建面临的普遍性挑战。

B-X 会的绝大部分会员不是党员，兼职从事公益服务。大多数 X 友加入 B-X 会，常常只是想单纯地从事公益服务，在 B-X 会中锻炼与提升自我，这更加增加了党建引领 B-X 会原有组织文化的难度。

②党员学习教育的开展及政治引领作用

从组织文化的源流看，党建及党建文化相对于 X 会这一公益组织而言，是一种外生因素，党建对 X 会实现有效引领的关键前提之一在于，实现党员学习教育、党建文化与 X 会公益文化的有效融合。根据《党的建设意见》，党建对社会组织运行的文化嵌入，应当通过丰富多彩的党员学习教育活动，用社会主义意识形态与社会主义核心价值观引领社会组织的价值观与组织文化建设，引导社会组织党员、成员在社会组织活动中自觉践行社会主义核心价值观。

通过与市残联的合作，B-X 会、B-X 会党支部开展了形式多样的党员学习教育活动，打通公益文化与党建文化的关系，提升 X 会公益价值观、公益文化与社会主义核心价值观的"契合度"。

持续开展内涵丰富的党员学习教育活动，增进党员会员对中国共产党领导新时代社会治理与社会建设的政治认同。

创新活动载体，通过祭扫烈士陵园、观摩爱国主义电影、拍摄党的生日"快闪"视频、举办庆祝建党 100 周年文艺演出、体验残疾人无障碍生活等活动，弘扬社会主义核心价值观，增强党员学习教育活动的感染力，形塑党员会员的世界观、人生观与价值观。

创新技术传播手段，采取线上线下相结合的形式，增加多元内容供给，扩大党员学习教育活动的覆盖面。克服 B-X 会党员会员遍及 A 省各地、集中学习难度大的不利因素，利用各种学习平台，推送党史、党课、纪录片、文献片、微电影、电子书等学习资源，为灵活开展党员学习教育提供支撑。

3. 服务引领：党建与服务项目的实施

X 会是公益组织，服务是 X 会的核心工作。能否将党建与公益服务紧密结合、发挥党员的先锋模范作用，在扩大党建影响力同时，提升 X 会的公益服务质量，是探讨党建对服务项目实施、X 会日常运行发挥引领作用的关键。下面以中 X "WX 工程"助残项目为分析案例。

（1）"WX 工程"助残服务概况

"WX 工程"是中 X 从 2016 年 5 月开始实施的系列公益服务项目与服务品牌，服务框架与服务内容由中 X 总体确定、各地 X 会具体实施，每年根据实际需要更新调整服务主题，"助残"是"WX 工程"项目的龙头。"WX 工程"启动后，中国残联下发通知，要求全国各省区市残联对各地 X 会的工作、对"WX 工程"的开展给予配合支持。

自 2013 年成立，B-X 会开展的服务项目中"助残"的比例为 30%～

40%。在中 X、市残联的指导、支持下，"WX 工程"的启动与实施为 B-X 会对自身已有服务项目进行优化完善、品牌提升提供了良好机遇，目前，"WX 工程"系列项目已成为 B-X 会最重要的常态化服务类型之一，形成了"共享轮椅""关爱残疾人邻居""精准助残""关爱孤独症儿童"等系列服务。"WX 工程"为推进党建对 B-X 会运行的服务引领提供了抓手。

（2）"WX 工程–对接社区"残困家庭帮扶活动

除开展各类"WX 工程"专项服务外，中 X、B-X 会将"推进'WX 工程'进社区"作为减缓因残致贫与因贫致残问题、帮扶残困家庭的重要切入点。

> 通常，越是贫穷的地方，我们就越是想要到那里去，能够真正地帮助别人，对自身来说也是一个锻炼。这种奉献是 X 友最钟爱的。（F30，男，服务队队长，企业主）

"WX 工程"在全国全面启动不久，2016 年 8 月，B-X 会举办"WX 工程–对接社区"签约仪式，100 支服务队分别对接不同的具体社区，按照中 X 的要求签订五年期帮扶协议。B-X 会要求每支服务队精准对接两户残疾人家庭，对签约服务队每半年实施一次考核，对考核通过的服务队予以服务经费奖励。签约以来，与社区同携手、共联动，让会员乐于参与的"社区服务"，成为让政府、群众、会员认可、满意的优秀服务项目。在第一个五年"社区服务"的基础上，2021 年 9 月 6 日，B-X 会再次举行"WX 工程–社区服务"百支服务队进社区签约启动仪式，开启第二个五年期"再进社区"服务，签约服务队获得中 X "'WX 工程'社区服务工作站"形象标牌。出席签约仪式的 B-X 会 2021~2022 年度主任表示：

> 该服务项目将继续以社区为依托，以残联为纽带，以残困家庭为主要服务对象，充分发挥 B-X 会志愿服务的作用，为社区残困家庭提供个性化、特需化、专业化的志愿服务，积极促进残健融合，持续推动我省公益事业的发展。百支服务队做好传承接力，加强与各街道办

事处、社区残协的沟通联络，加大对社区残困群体的关爱力度，重服务质量，求实际效果，让志愿服务扎根社区，让广大受助群众切实感受到党员就在身旁、志愿者就在身边。(F16，男，主任，企业主)

在开展"WX 工程-对接社区"残困家庭帮扶活动的过程中，B-X 会并不全面掌握社区、残疾人及其家庭的具体情况，与市残联及基层社区开展合作，为选取服务对象、顺利开展服务项目提供了便利。

在项目开展过程中，市残联向 B-X 会提供相关社区残疾人及其家庭的相关信息，帮助 B-X 会及服务队与社区工作人员、残疾人及其家庭进行联系沟通，到社区与残疾人家庭中，了解其生活困难及迫切的生活需求，继而确定服务对象，协助 B-X 会及服务队制定有针对性的服务方案，以便更切实地解决"残困家庭"面临的困难。

项目启动以来，B-X 会及各服务队长期扎根社区、持续开展"关爱残困家庭"系列服务。以每年春节期间开展的"WX 工程-暖春行动"为例，2022 年春节前夕 78 支服务队 706 名会员深入残困家庭，捐赠服务经费 30 余万元，受益人数 2865 人；2023 年春节前夕深入残困家庭，捐赠服务经费 24 万余元。

（3）党建在服务项目实施中的引领

公益服务顺利实施关键之一在于获得服务对象的信任。在当代中国的政治语境下，民众对政府部门与党组织天然拥有较高的信任度，与 B 市残联联合开展服务，既有利于强化 B-X 会公益服务的可信度与合法性，也为 B-X 会党支部的"在场""出场"提供平台。这种"出场""在场"得天独厚的体制便利是，与市残联是 B-X 会的业务主管部门相对应，B-X 会党支部的建设由 B 市残联机关党委提供指导。

在"WX 工程-对接社区"残困家庭帮扶活动实施过程中，除动员、要求各服务队、各党小组党员 X 友积极参与外，B-X 会党支部还支持配合B-X 会办公会议、服务项目委员会、服务队具体实施服务项目，并结合自身功能角色，对项目进展进行监督，确保项目按照既定方案持续有序进行，为服务对象提供切实的援助与关怀。《中国 X 会章程》明确规定，X

会基层党组织的基本任务是引导和监督 X 会依法执业、诚信从业，推动 X 会健康有序发展；X 会在作出重要事项决策、开展重要业务活动时要听取基层党组织的意见。

B-X 会、B-X 会党支部设置公共关系与宣传委员会、宣传委员，在项目实施过程中，发扬重视先进人物、先进事迹宣传的传统，积极向中 X 及有关政府部门报送项目成果，B 市残联也对项目成果加以宣传报道，肯定表彰 B-X 会参与 "WX 工程" 的成绩，鼓励 B-X 会更好地开展后续服务。

研究表明，X 会的组织结构属性、组织文化特性、公益资源积累，形塑了会员旺盛的公益热情与服务积极性，X 会也形成强劲的公益服务行动力；从总体上看，包括党员会员在内的大多数会员，在公益服务中表现良好。

其实 B-X 强调所有 X 友出席，并不需要刻意强调党员在前。"四出" 精神强调每个会员都要出心、出力。所以每个 X 友都会自觉参与到服务项目中，每个 X 友在自己的行业中做得还算顶尖，大部分会员的能力还是不错的，这也为项目开展提供了支持。(F30，男，服务队队长，企业主)

在 "WX 工程" 开展过程中，B-X 会党支部号召党员会员、基层党小组积极参与，努力发挥党员的先锋模范作用。与此同时，为了强化党建与公益服务、社会组织运行的有效结合，党支部除了发挥 "在场" "监督" "引导" 作用，还联合 B-X 会各专门委员会、相关政府部门、基层社区及党组织，直接主办、承办与联办部分服务项目与服务活动，立标杆、做示范。

2020 年 2 月 11 日，由 B-X 会党支部、服务项目委员会、公共关系与宣传委员会发起的 "关爱残疾人邻居" 党员助残行动，为 B 市区 100 户贫困残疾人捐赠物资。

2020 年 7 月 18 日，中共 PF 区 X 街道工作委员会、PF 区 X 街道办事处、B-X 会党支部主办，中共 X 街道 O 社区、P 社区、Q 社区、R 社区委员会和 B-X 会 L 服务队承办，服务项目委员会红色行动委员会、环保委员会、糖尿病防治宣传委员会、B（市）Y 视光中心协办的 "幸福美邻节"

活动顺利举行。

四　社会组织党建引领的影响因素及提升策略

在 B-X 会，借助国家与地方党政部门的制度驱动，党建对社会组织的引领作用得以发挥。以功能型党支部建设为核心，党建对组织运行的正向赋能促进 B-X 会党建工作顺利开展。与此同时，也需要看到，目前，社会组织党建引领作用的发挥正受一些因素的影响。

（一）党建引领作用发挥的影响因素

1. 功能型党支部的属性

社会组织党建工作起步较早，但党的十八大以来才得到着重关注。无论是相关政策规定的制定与落实，还是相关工作经验的提炼与总结，社会组织党建工作都处于不断创新探索阶段。

B-X 会党支部是典型的功能型党支部。不发展新党员、不转接党组织关系、不收取党费的"三不"原则，决定了要想对党员会员实施规范化管理、发挥党员的先锋模范作用、推进 B-X 会的党建工作，面临如下挑战。

第一，对党员数量进行准确统计存在难度。B-X 会对党员 X 友的统计主要基于 X 友自己填写的登记名单："因为我们不发展党组织关系，在对党员进行摸排时，主要依靠会员入会时填写的政治面貌进行判断，2017 年前后开始要求相关党员提供党员证明材料或者交纳党费证明，在 2022 年 6 月进行统计时，部分会员提供了信息。"（F31，男，前主席/前党支部书记，教育机构负责人）

第二，部分党员 X 友不愿公开自己的党员身份。他们认为，在社会组织中公开自己的党员身份、实施党员管理，就要按规定参加社会组织党员活动，会给自己带来一些不便，进一步牵扯自己的时间与精力，因此选择不公开党员身份。

第三，需要推动党建文化与公益文化的有效融合。B-X 会成员在公益服务参与意愿感召下加入 B-X 会。部分 X 友认为社会组织党建是传统党建模式的翻版，对在 B-X 会开展党建形成先入为主的疏离感。对公益组织党建特殊性的认识有待深化，对党建文化与公益文化有效融合的思路也需要进一步摸索。

第四，部分党员 X 友参与党支部活动的积极性有待提升。B-X 会的大部分党员 X 友拥有自身的职业与专职工作，加入 B-X 会兼职从事公益服务。作为功能型党支部，"B-X 会党支部不能发展党员，不能转接党组织关系，大部分党员 X 友的党组织关系还在单位或社区，参与党组织活动的精力，主要还是放在单位或社区，B-X 会开展党组织活动的时候面临一定的挑战"（F29，女，秘书长）。部分党员 X 友主要在自己党组织关系归属的原单位或社区参加党员活动，参与 B-X 会常规活动与公益服务态度积极，与此相比，参与 B-X 会党支部活动的积极性有待提升。

2. 对社会组织党组织功能定位的认识

部分党员 X 友、领导 X 友对社会组织党建及党组织的功能定位存在认识差异。大部分领导 X 友认为，党支部发挥的是政治方向引领作用；部分领导 X 友认为，党支部的功能是监督 B-X 会的日常管理与运作；也有领导 X 友认为，党支部主要是发挥服务作用。

> 党支部对 B-X 会来说，是一种监督，办公会议、监事会、党支部是 B-X 会管理监督运作的"三驾马车"。（F05，女，秘书处干事长）

> 我们有专门监督的部门。B-X 会的党组织严格来说，没有监督作用，就是一个推动作用吧。党组织围绕年度目标去调动资源，比如，"七一"党的生日要不要去做活动，这个就是 B-X 会党支部来做的。党支部调动党员、感召群众、吸引非党员 X 友参与；进入烈士陵园，重温入党誓词等。党支部在 B-X 会内部起到的是一个服务作用。（F08，女，监督组副主任，企业主）

党组织的功能定位在《中国 X 会章程》中有清晰规定，而在具体的党建实践中，部分党员 X 友仍然存在疑惑。究其原因是，在长期发展过程中，X 会已经形成良好的运行自主性与组织绩效；党建工作常态化后，在 X 会的管理、运行与服务中，党建引领的作用机制是什么，主要从哪些角度切入，社会组织党员教育、党员活动的具体要求是什么，这些问题都有待于在 X 会的管理运行、公益服务实施中，对党建引领的功能定位进行思考探索与经验总结。

3. 党组织活动覆盖面

截至 2023 年 3 月，B-X 会拥有服务队 102 支会员 2814 名，其中含党员服务队 81 支、党员会员 194 名，设置 14 个党小组。B-X 会的公益服务主要由基层服务队具体承担，服务队的主体是非党员会员，党员会员所占比例相对较小，党建活动对 B-X 会及服务队一般会员的覆盖面有限。

2022~2023 年度，B-X 会党支部倡导并组织各党小组多次开展党建活动，此外，B-X 会党支部还派代表参加市残联、中 X 相关党组织的活动。

需要看到，目前，B-X 会党建活动的参与主体是领导成员党员；相对于各服务队，党建活动主要在 B-X 会区会层面上举行："平时的党建活动，主要在代表处（领导层的理事会监事会）举行，相对较少在各服务队开展，党建工作并不参与到服务项目中，只是在思想层面做一个规划，起到一个引导作用，其他的工作不会参与其中。"（F31，前主席/前党支部书记，教育机构负责人）部分党员会员参与党支部活动相对较少，党务学习与党建文化宣传的覆盖面存在提升空间。

B-X 会的会员考察与荣誉激励以参与 B-X 会事务管理、公益服务的"四出"表现为主要依据："会员的考察，有个荣誉是'四出'会员，就是要求会员参与服务的时间每个人每年超过 70 小时，出席相关的会务培训活动、服务活动每个人每年 60 小时，捐赠服务经费每人每年超过 5000 元，时间的话就是要以签到时间为准。"（F16，男，前服务队队长/分区第一副主席，企业主）与此相关，对党员 X 友的考察与非党员 X 友的考察标准大致相同，因此，可以完善针对党建与党员表现的个性化考察维度。

4. 国家视角与社会视角的认知差异

目前，加强社会组织党建工作，已成为形塑新时代"党""政""社"关系的重要举措之一，是培育公民精神、引导社会治理、推动社会建设的有效途径。尽管如此，需要看到，各界对社会组织党建还存在认识不足的问题，对党建引领效果的发挥产生影响：第一，对社会组织党建的重视度有待提升，对社会组织党建进行政治指导的有效性、创新性路径探索有待加强；第二，对社会组织党建特殊性的了解不足，对党建与社会组织运行管理服务相结合的特殊性实践经验有待总结完善；第三，对"党建对社会组织的引导作用"存在理解偏差，以"包办"代替"引领"，将社会组织党组织理解为"包揽一切"，将党建刻板化为固定程序与制度约束。

一般而言，党建工作依托的常规组织架构与运行规则流程严明，政治性约束突出，带有"国家视角"的显著特征。而与政府部门的科层属性、企业单位的市场驱动不同，公益组织是民间自发形成、满足公众结社及公益服务意愿的非政府性、非营利性社会组织。公益组织的志愿化、平等化倾向，更多呈现出"民间视角"的属性。"国家视角"以政治性与权力运作为中心，"民间视角"以志愿性与自主性为中心，形成两种不同的组织文化形态。

实践显示，社会组织成员对社会组织党建的认同度与接纳度需要提升。多数 X 友包括党员 X 友在内，以公益、志愿、奉献为动机加入公益组织，面对"体现'国家'特征的传统党建模式""蕴含'民间'意涵的公益文化理念"有待更进一步深度有效融合的现实，形成认知困惑，其来有自。

（二）提升社会组织党建引领效果的对策建议

1. 完善功能型党支部活动

应积极创新功能型党支部建设，做到"形"散"神"不散，完善"三会一课"制度，落实服务基层活动，充分发挥社会组织党员的先锋模范作用。

对功能型党支部"三会"（支部党员大会、党支部委员会、党小组会）、"一课"（党课）的频率、内容应明确要求。党支部党员会不仅要学习党的政策制度、发挥上传下达功能，还要对 X 会发展规划、年度工作计划、服务项目实施等问题进行讨论，提出意见建议。可将 X 会先进人物经验事迹学习与党小组活动结合在一起，既充实活动内容，又为会员、党员提供公益服务学习榜样。

2. 规范社会组织党员管理程序

X 会实行会员制，认同 X 会章程、符合入会条件的个人，即可申请加入。会员制赋予会员加入或退出 X 会较大自由度，也对 X 会的成员稳定性造成影响。加强会员管理的规范性，在一定程度上有助于增强成员稳定性。因此，应当结合自身特色加强党员会员管理。

立足功能型党支部特色，推进党员会员摸排，加强与其原来所属党支部的沟通对接，解决党员身份确认问题，结合现代科技手段建立健全党员信息库；创新党员管理服务，探索"隶属一方，多方参与"的模式，鼓励与吸引党员会员积极参与社会组织党建，保证党员会员在社会组织中的活动得到有效监督引导。

3. 完善考评机制，检验党建效果

避免简单照搬科层体制党建工作考核方式，充分考虑社会组织、公益组织特色，通过考评机制创新，强化对社会组织党建实际效果的考核。

省委社会工作部、社会组织综合党委可优化社会组织党建量化评价体系，强化调研与实地考察在党建考评中的地位。加强由主管部门实施的考评，探索服务对象对公益组织的评价工作。应结合社会组织特性，加强对党组织班子成员的考察，记录与分析社会组织党建的有利与不利因素，确保党建在社会组织运行中落到实处，提升社会组织发展水平。

除了将党和国家社会组织党建工作要求纳入考评指标，还可尝试探索第三方机构评估，严格评估原则、标准与流程，形成考评报告，向社会公布。

4. 强化党建与公益服务的双向赋能

应推动党建与社区服务、公益项目有机融合，通过党建为开展公益服务链接更多政府资源，引导公益组织党员与非党员成员在参与社区服务与公益项目过程中不断提升自身价值，积极参与并支持党建工作。

应结合成员所属行业、从事职业多样化的特点，加强党建与多样化、

专业化公益服务的结合，强化党建品牌建设，发挥党员成员的先锋模范作用，通过"服务项目参与示范"带动与影响其他成员。

加强党组织"全心全意为人民服务""从群众中来，到群众中去"的形象宣传，强化"服务群众、帮扶弱势群体、补位政府弱板"的公益组织形象建构，探索党建文化与公益组织"公益文化"的有效融合，发挥党建对公益组织成员价值观的提升作用。筑牢中国共产党与社会组织推动中国社会向善、向上发展的共识，推动党建与社会组织运行的双向赋能、协作发展。

五　社会组织运行中党建引领的研究发现

B-X 会为考察党组织建设对公益组织运行与发展的有效引领提供了有益的启示。通过研究，可以获得如下发现。

第一，党和国家的政策规章制度为党建引领社会组织运行与发展提供了依据与指导。通过利益认同、制度认同、文化认同形塑社会组织的政治认同，对社会组织党建工作提出具体要求，常见的党建引领制度保障措施包括：将党章纳入社会组织章程，成立功能型党支部，将党建工作纳入社会组织评估体系。

第二，党建的"资源优化""公信力提升""服务活动宣传"效应，为社会组织运行中党建引领作用的发挥提供了切入角度。在"组织引领"方面，社会组织党组织的定位是功能型党支部，主要发挥政治引领作用；就"文化引领"而言，党支部活动有助于强化党建文化与社会组织文化融合的针对性与有效性；在"服务引领"方面，党组织"监督""参与""配合""补位"的"出场""在场"角色，有助于推动公益服务项目的顺利实施。

第三，社会组织运行中党建引领作用的有效发挥面临如下制约因素：功能型党支部的限制、党组织功能定位认识分歧、党组织活动覆盖面有限、"国家"视角与"民间"视角存在差异。与此相应，为提升社会组织党建引领效果，可以从几个方面进行尝试：完善功能型党支部活动，规范社会组织党员管理，完善党员考评与党建工作评估，通过党建与社会组织运行的双向赋能推动当代中国的社会建设。

第五章 发展自主性及公益组织
与政府的关系

一 研究问题与研究方法

（一）公益组织与政府部门的关系

目前，在当代中国的社会治理与社会建设中，社会组织、公益组织发挥着重要作用，也显现出一些问题。部分公益组织强调自主性发展、忽略了与相关政府部门的联系与合作，常常出现与政府部门缺乏沟通、封闭发展的局面；也有部分公益组织在服务项目、资金筹措、人员选派等方面过度依赖政府、缺乏活力。

社会组织、公益组织的发展自主性是学界研究的重要议题（费迪、王诗宗，2014；林闽钢、战建华，2018；张京唐、陈毅，2022）。对社会组织、公益组织与政府部门的关系，存在两个研究焦点。部分学者相对侧重于国家、政府主导社会建设对公益组织运行的影响，认为公益组织与政府部门距离过近、对政府部门依附性过强，会影响其独立性与自主性，导致公益组织"政府化"，降低其工作效率（蔡宁、张玉婷、沈奇泰松，2018；唐文玉、马西恒，2011；黄晓春、嵇欣，2014）。也有学者强调当代中国社会建设的独特语境与道路选择，认为在把握"合作与自主""约束与活力"恰当关系的前提下，与政府部门建立良好的合作关系、获取政府支持，便于社会组织、公益组织获取资源、开展社会服务、实现良性发展（彭少峰，2017；孙照红，2020；王名、张雪，2019）。因此，公益组织应当采取哪些行动策略、与政府部门保持何种关系、确立什么样的发展路径，成为影响公益组织发展的迫切性理论议题与实践探索问题。

在这一理论及现实背景下，B-X 会的发展历程具有启示意义。2013 年成立至今，经过长期摸索，作为中 X 的地方代表机构，B-X 会在公益服务的项目实施、经费募集、人员保障等方面保持充分的独立性与自主性；此外，B-X 会在以 B 市残联为业务主管部门的同时，也与 A 省、B 市的民政、城管、教育、环卫等政府部门建立了良好关系，密切开展公益服务合作，为政府部门推进社会治理与社会建设承担了很多辅助性工作。B-X 会为考察公益组织的发展自主性及其与政府部门的关系提供了合适个案。

（二）研究方法

其一，结构式访谈。本研究得到 B-X 会的大力支持。B-X 会第二副主席负责与政府部门的合作及关系协调工作，为研究者推荐了部分领导 X 友、服务队队长及政府部门领导，最终确定 22 名访谈对象，对其进行结构式访谈。

其二，参与观察。研究者利用在 B-X 会实习的机会，参与 B-X 会秘书处的部分日常工作，跟随服务队参与部分公益服务项目，全面了解 B-X 会的日常管理及公益服务项目的开展情况。

二　B-X 会相对于政府部门的自主性

（一）组织架构对发展自主性的保障

一般情况下，受到政府部门高度认可、接纳的公益组织，常常成为政府行政体系的隐形延伸，与政府部门实施相似的运行方式与管理逻辑，其组织管理及运行的自主性会受到影响。与之相比，B-X 会的运行及发展呈现出良好、适度的自主性，独特的组织架构（见图 5-1）对此形成坚实保障。

B-X 会隶属中 X，以 B 市残联为业务主管部门。

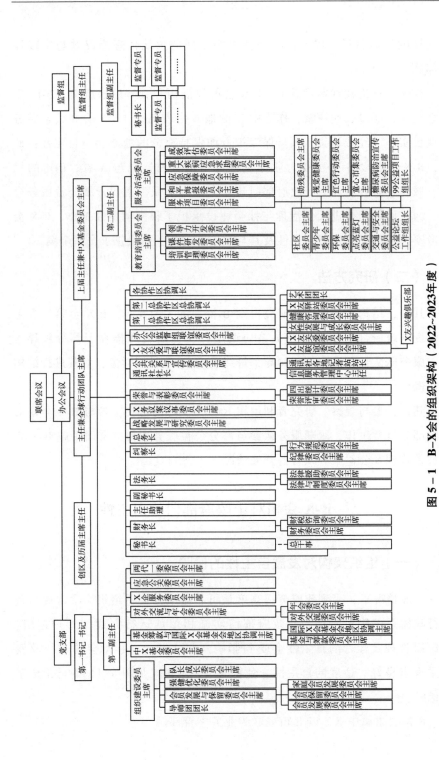

图 5－1　B－X会的组织架构（2022~2023年度）

1. B-X 会的常规组织架构

以《中国 X 会章程》及其他相关制度为依据与指导，B-X 会建立起完善的组织架构，其核心领导团队成员、各委员会及服务队领导团队成员，采用轮庄制，经内部推举竞选产生，绝大多数领导职务的任期为一年。

每年召开一次联席会议，成员由 B-X 会首席代表（或代表）、办公会议成员、监督组专员和代表处历任主任、各服务队的一名代表组成；联席会议通过民主程序推举产生 B-X 会新一届的主任、副主任、办公会议其他成员和监督组监督专员等岗位人选。

设立办公会议，作为联席会议闭幕期间的执行机构，成员由主任、上届主任、第一副主任、第二副主任、秘书长、财务长和其他成员（如纠察长、总务长、各协作区主席、部分工作委员会负责人等）组成。

中 X 向 B-X 会派出监督组，监督组设立监督专员，经联席会议推举产生、中 X 批准后任职，监督组主任由中 X 监事担任，副主任从监督专员中民主推举产生。

为了与中 X 设置的各专门工作机构相对应，设立一系列专门性工作委员会，委员会负责人可由办公会议成员担任，由当届主任在符合任职条件的会员中任命。

各基层服务队设立队长团队，成员包括队长、上届队长、第一副队长、第二副队长、第三副队长、秘书、司库、总务、纠察及其他成员，由服务队全体会员会议推举产生。

2. 残联主管在 B-X 会组织架构中的体现

除直接由"中国 X 会的地方代表机构"这一属性衍生出的组织架构外，B 市残联作为业务主管部门，在 B-X 会的组织架构单元设置中也得到体现。

B-X 会设立首席代表或代表（非常设性职务），由 B 市残联委派、中 X 任命、B 市残联理事长或副理事长担任，负责指导监督 B-X 会遵守国家法律法规和政策、贯彻中 X 办会方针、依据中 X 章程开展工作；B 市残联要求 B-X 会负责人定期向首席代表汇报工作，并参与 B 市残联助残协会组织的述职汇报会。

设立秘书处，秘书处是 B-X 会的办事机构，承担 B-X 会日常运行工作，秘书长由 B 市残联选派人员担任，协助首席代表全面指导和参与代表处业务工作，负责秘书处全面工作，聘请总干事负责秘书处具体工作，下设负责会员发展、组织宣传、培训服务等具体事务的干事。

设立党支部，党支部书记、支部委员由 B-X 会党员代表大会选举产生、市残联党组织核准批复，负责 B-X 会的具体党建工作，党支部下设党小组；B 市残联还向 B-X 会派驻人员担任党支部第一书记，由秘书长兼任，对 B-X 会的党建工作进行指导。

社会组织的理事会治理制度，强调组织运行效率，但在其实际运作中，理事会功能的发挥常常不完善、不充分（王名、刘培锋等，2004）。自主发展的公益组织建立组织架构的外壳相对容易，但要想真正发挥实质性作用，则面临很大挑战。与此相比，B-X 会拥有健全的民主决策机制，为领导人员及广大会员权利的行使、权益的维护提供了顺畅渠道："我们站在巨人的肩膀上，到全国、世界各地学习，吸取经验，完善自身的组织架构，逐渐也形成了自己的特色。"（F33，男，理事会理事，企业主）

以办公会议为例，B-X 会的年度工作计划与财务预算、相关工作实施细则的制定、其他重要事项的决定等，都要经由办公会议表决，到会办公会议成员三分之二以上通过方能生效；市残联委派的 B-X 会秘书长兼党支部书记，作为办公会议成员，与其他成员共同行使决策权力。B-X 会办公会议的成员一般都要具体负责相应工作委员会的管理工作，例如：年度第一副主任分管组织建设委员会，侧重于服务队建设工作；第二副主任分管教育培训委员会，侧重于会员培训工作。

（二）服务项目设置与实施的自主性

与部分社会组织欠缺自主开展服务项目的能力相反，B-X 会在服务项目的选择、确定与实施等方面拥有较强的自主性与灵活性，摆脱了"行政指令安排依附"的角色困境。

1. B-X 会的服务项目设置

B-X 会的服务项目非常丰富，其名称具有鲜明特色。许多项目采取

"X（中国X会简称）"与"服务项目主题"相结合的命名方式，以突出中X的公益服务理念、组织形象与组织文化传承。比如：将筹措资金在城市公共场所安装长椅、方便市民休息的献爱心项目，命名为"X爱长椅"；将关爱出行不便的城市居民及农村村民、为其提供免费理发服务的项目，命名为"X爱'金剪刀'"。

目前，中X已经形成明晰、完备的公益服务项目框架。作为中X的地方代表机构，在对自身的服务优势拥有客观、全面、清晰的分析与把握，贯彻中X工作部署情况下，B-X会以"WX工程"服务项目为主线，在社区、助残、医疗卫生、青少年、重大灾害、环保等多个领域开展服务活动，形成了"关爱残疾人邻居""精准助残""圆梦助学""关爱孤独症儿童""贫困群体新春慰问""关爱失独家庭"等多个品牌服务项目，如表5-1所示。

表5-1　B-X会的典型服务项目

项目类别	主要服务内容
社区	服务队进社区、贫困群体新春慰问、休闲长椅捐赠、关爱失独家庭、社区公益讲堂、乡村文化建设、邻里联谊、公益理发等
助残	轮椅捐赠、盲杖捐赠、精准助残、关爱残疾人邻居、关爱孤独症儿童、残障儿童关爱与援助、文化助残、助残圆梦基金等
医疗卫生	白内障手术援助、公益献血、糖尿病防治宣教等
青少年	贫困生帮扶、奖学助学基金、乡村中小学图书室捐建等
重大灾害	地震灾害援助、洪灾援助、防疫抗疫等
环保	河流保护宣传、端午踏青环境维护、垃圾分类等
其他服务	世界和平宣传、交通安全宣传等

自2013年成立直至2022~2023工作年度，B-X会累计开展服务14108次、服务时长111.5万小时，会员参与17.9万人次，受益人数1359.4万人次，累计服务经费9291.67万元。

B-X会每年的服务项目均依照服务计划实施。B-X会设有服务活动委员会、服务项目委员会，每年都要召开工作会议，服务活动及服务项目委员会负责人，助残、社区、救援、物资、财务等相关专业委员会负责人以及相关协作区、相关服务队负责人参加会议，在会上汇报、讨论与确定B-

X会、各委员会、各服务队本年度的服务计划及重要服务项目。服务活动委员会已经逐步建立起评估社区需求、选择服务项目、制定执行方案、提前倡导宣传、严谨有序实施、总结宣传推广的服务项目运行机制。严格按照项目识别与界定、项目组建、项目规划、项目执行、项目收尾等流程开展服务。

2. 服务项目确立及公益组织与政府部门关系的协调

在服务项目确立方面,公益组织与政府部门之间的关系呈现多元化样貌。部分公益组织的服务项目由政府部门直接提供;政府部门也常常通过"购买服务"的方式吸纳公益组织承接政府项目;公益组织在实践中形成的较为成熟有效的服务项目,也会被相关政府部门主动接纳、逐渐政府化。与此相比,B-X会的服务项目设置与实施具有较强的自主性、灵活性与创新性。

在中X的服务活动与服务项目指导框架下,B-X会与政府部门合作开展的许多服务项目,是由B-X会发现服务需求与服务问题,向政府部门提出合作意向并得到支持响应后,开始进一步具体实施。服务项目计划往往要经历B-X会各个委员会的前期调研、全面分析、深入研讨后才得以确定。在确定服务活动与服务项目时,B-X会要考察服务计划与残联、政府部门的现有工作是否存在重叠,如果发现残联、政府部门已经采取相关措施、效果良好,就会考虑将服务计划对接、转移给残联、政府部门,或者与残联、政府部门讨论商议、合作开展,各有分工、各有侧重。

在B-X会遵守国家政策法规的情况下,业务主管部门B市残联及其他相关政府部门监管、引导与支持B-X会,不会刻意干预B-X会的管理运行与公益服务活动,不会将自己制定的公益服务计划与项目以行政指令方式直接交付给B-X会付诸机械实施。B-X会开展的公益服务活动能获得社会各界及残联、政府部门的认可,不是基于B-X会对后者的简单依附,而是由于B-X会能立足自身组织框架,充分调动会员积极性,发挥自身特色,开展优势服务项目,支持、配合残联、政府部门的工作。这是B-X会形成发展自主性的重要表现。

可举一例用以说明。2015年,B-X会D服务队主动承接的"读书漂流"活动：动员 X 友捐助图书与图书购买资金，在农村贫困小学建立"漂流图书馆"，为孩子们提供其需要的书籍，在接续活动中，需要把前一个学校图书馆的书籍转运漂流到下一个贫困小学；自活动开展以来，D 服务队在 B 市行政区划范围内的近 30 所中小学建立"漂流图书馆"，图书漂流逾万册。该活动的开展，有助于缓解政府部门的压力，对解决偏远农村地区中小学生读书难的问题发挥重要作用。

3. 服务项目实施的自主性：以"端午文明踏青"项目为例

B-X 会与省残联、市残联、市民政局、市城管局、市教育局、市交通管理局、团省委、团市委、市妇联、街道社区、省残疾人福利基金会、省青少年发展基金会、省妇女儿童基金会等政府机构、群团组织及社会组织都达成长期合作关系，联合开展公益服务活动。

2015 年端午节，B-X 会发起"端午文明踏青"活动。城市文明建设属于市城管办的工作职责，同时，与新闻媒体合作有利于扩大活动影响面，B-X 会主动联系市城管办（市城管局办事机构）、B 日报社、市城市管理志愿者联盟等单位共同举办活动，400 余名 X 友主动加入"端午文明踏青"环保宣传志愿者的行列。B-X 会捐赠 20 万个环保垃圾袋，为踏青市民准备了 3 万份小礼品，6 月 19 日端午前夜，在活动现场免费发放垃圾袋、捡拾垃圾杂物、劝阻不文明行为。B 市城管办主任在接受访谈时说：

> 他们（B-X 会）每年都投入五六十万元。当天设置了 45 个点，每个点都有他们的身影，在主会场和我们一起与市民互动，又吸纳其他志愿者参与进来，江边每个帐篷里都是满满的爱心，而且真是为维持秩序、倡导文明做了工作的。每年都有很多记者去采访。最感动的是他们还买一些小礼品，谁把垃圾袋送回来就给一个小礼品。这种激励的形式有利于引导、教育市民文明踏青。（F34，男，B 市城管办主任）

B-X 会凭借自身稳定的会员投入、充足的服务经费支撑，在活动开展过程中充当着独特角色，在与政府部门、新闻媒体开展的合作中保持着自主性地位。在旺盛的公益服务热情、有效的组织激励机制的驱动下，在活动物资短缺时，B-X 会成员主动垫付资金、补充活动所需的物资。这项服务活动一直持续至今，成为 B-X 会各服务队的常态化服务项目，不断更新服务内容与服务形式。

（三）财务独立

作为中 X 的地方代表机构，B-X 会拥有固定的资金来源渠道，有效避免了因资金短缺而运转不灵的情况，也为自身的自主性发展提供了保障。目前，许多公益组织的筹款能力有限，资金短缺、外部输入依赖性强，制约了公益组织运行管理的独立性，也对其主动开展服务项目的能力产生不利影响。

财务独立性程度成为影响公益组织良好运转的重要因素之一，完善的财务机制是公益组织财政独立的有效保证。B-X 会设置财务长及财务委员会、财税咨询委员会等，负责对 B-X 会日常运行、服务项目实施的财务支出、经费使用进行统一管理、定期对账公示。

B-X 会的成员主要来自中产群体，具有相对良好的经济基础。B-X 会不向业务主管单位及其他政府部门申请经费拨款。自成立以来，B-X 会的大部分经费通过会员交纳会费、会员捐赠的方式筹措，也有小部分经费来自社会各界人士的捐赠。根据中 X 的有关规定，结合具体情况，在 B-X会，会员每年要交纳会费，一般包括常年会费 2000 元、行政经费 1500 元，新会员入会时需再交纳入会费 1000 元。会员交纳的会费主要用于 B-X 会的行政经费、服务经费支出，会员自愿捐赠的服务经费 100% 用于公益服务活动。充足的经费为 B-X 会在不依赖大量外部资金援助的情况下独立开展服务项目提供了基本的保障。

目前，B-X 会已经拥有 100 多支服务队，各支服务队具备相对独立性，在服务项目资金筹集的具体方法上略有不同，既可向 B-X 会申请经费，也可在服务队内部自行筹集资金。

我们会根据项目的先期调研，做出预算，调研之后上报队内理事

会，看看能否通过。在这期间，对于一些大的项目，需要经过区会理
事会审批，申请调付经费支持，残联副理事长作为理事会成员投票，
残联不为我们专门提供资金来源；小的项目，我们服务队会先算大概
需要多少钱，队内理事会通过，这个项目就可以做。队里由筹款委员
会主席发布感召通知，X 友自筹资金。打比方说，某个项目需要三万
元，我们理事会成员起带头作用，感召人人捐款，哪怕剩下的人只捐
200 元、300 元，也是参与了这次筹款。因为他只有参与了，自己才会
有感受，才会愿意参加活动。我们队都是这样。筹到三万元，就会告
诉大家，这次捐款结束，后面可能有的人看到信息晚，想捐还捐不到
了。(F11，女，前服务队队长，企业主)

一般情况下，运作良好的 B-X 会服务队，都会形成特有的筹集资金方
式：有的服务队是固定每个人的捐款钱数，自主捐钱，"先到先得"，达到
目标额度便截止；有的服务队是将需要捐款的总额平均分配到每个队员身
上；此外，服务队还接受 B-X 会外其他人员的个人爱心捐款。独立、充足
的资金保障，使 B-X 会从总体上有效避免了等待政府审批项目、拨付经费
再开展公益服务项目的情况。

（四）会员招募与管理的自主性

公益组织的运行及其发展活力，与组织成员的数量及质量密切相关。
目前，号召力缺失、社会基础薄弱、会员数量少、会员发展高度依赖政府
动员或指派专人协调管理，成为部分公益组织缺乏自主性、发展受到制约
的重要原因。

与之相比，B-X 会会员人数发展迅速的一个有效途径就是现有成员"感
召"新成员加入。接受访谈的 X 友都表示，自己是通过身边已加入 X 会的朋
友了解到 X 会，被他们的精神所感染，从而主动提出入会申请的。

那时候我在驾校教练技术平台有个学姐，B 市没有 X 会的时候她
就加入了（南部 L 省的）南城 X 会。然后很偶然的机会坐我的车，她

给我讲 X 会。那是我最开始接触 X 会，但那时候我对 X 会真是不了解，不感兴趣，是这个人感染了我。我们在聊天的时候，她说你这个车可以加装蓝牙，这样对别人的安全和自己的安全都好。我说我不会加装蓝牙，也是她给我提供了帮助，帮我解决了这问题。当时我感觉 X 会的人素质很高，能力也强，我就是通过这个人了解了这个组织。当别人感召我的时候我没有任何犹豫，第二天就把会费转过去了，真的是那个 X 姐身上的劲儿感染了我。（F32，女，副主席，企业主）

B-X 会有很多会员招募渠道，比如：通过微信朋友圈宣传，让更多人看到 X 会是做什么的；感召身边的朋友一起参加服务，有许多人就是以这种方式受到感染主动申请加入 X 会。会员的入会具有自发性、主动性、直接性。B-X 会还为新会员提供学习与成长的培训平台，为会员提供入会后弥补自身不足的机会。多名 X 友都表示，加入 B-X 会后，通过培训，自己在许多方面都有很大提高，能够感受到自身价值的提升，对待身边的事物也有了不一样的看法，视野与格局也更加开放。

独特的会员招募与管理方式，为 B-X 会的会员发展与保留提供保证。截至 2023 年 3 月，B-X 会的会员数已超过 2800 人。与科层制管理模式更侧重制度与行政手段的运用不同，在会员管理方面，B-X 会摸索出更适合自身公益组织属性的会员招募与保留方式，在满足会员"献身公益事业"这一需求的同时，B-X 会还重视对会员的情感与精神关怀，积极开展会员关爱及联谊活动，为会员提供生活与工作上的支持与帮助，努力让加入 X 会成为会员社会关系网络上新的节点与亮点。

发展初期，B 市零星活跃的 X 会服务队还隶属于南城 X 会，为了达到独立创区的人数要求，筹备成立的 B-X 会采取各种方式迅速扩大会员规模。2013 年 1 月，B-X 会正式成立，截至 2016 年 6 月，会员人数已经超过4000 名，部分会员入会动机复杂、素质参差不齐。因此，在会员人数达到一定规模后，在中 X 的指导下，B-X 会的会员发展策略就转向合理控制规模、提升会员质量。通过会员管理的规范化，再加上部分会员退会，B-X 会的会员数逐渐稳定在 2800 余名。

在 B-X 会，申请者需要经过一系列考核，包括面谈、服务、培训等严格的程序，才有可能被批准加入。

在 B-X 会的组织架构里，有会员发展与保留委员会主席。服务队队长团队这几个人与想要加入 B-X 会的人进行面谈，看看这个人适不适合。一般要经过参加一次服务、参加一次培训、参加一次例会这三关才有可能入会。参加服务是看他是发自内心地愿意做服务，还是有什么个人目的；参加例会是让他了解自己是和什么样的人在一起，愿不愿意跟这样的人在一起共事；参加培训是让他知道"X"文化是什么。如果通过这三个考核，申请者觉得可以，我们也觉得申请者可以，就会报告理事会，会员发展与保留委员会主席就会介绍这个人，让大家看看是否可以，可以的话就能入会，不可以的话我们就会通知申请者。(F35，男，服务队队长，企业主)

三　B-X 会与政府部门关系的形塑

成立之初，B-X 会的外部联系主要表现为与中 X 的隶属关系及与 B 市残联的业务指导关系。伴随其服务在社会生活各个领域的拓展，B-X 会与其他相关政府部门之间的联系日益密切，逐步摸索与形成多元化的资源优势互补、服务协作支撑关系。政府部门为 B-X 会的运行与公益服务的开展提供必要的政策支持与实施平台，B-X 会的公益服务为政府部门推进社会建设注入新鲜血液、发挥补充作用；B-X 会辅助政府部门有效改善相关社会群体的生活状况，政府部门也为 B-X 会确立合法性、获得社会认可、实现良性发展提供有力的支撑。

（一）　B-X 会与政府部门的关系概况

1. B-X 会生存发展的主要组织环境

①B-X 会是中 X 的地方代表机构。

②B市残联是B-X会的业务主管单位，B-X会设立党支部，在B市残联党委具体指导下开展党建工作。

③社会组织管理机关对属地登记社会组织进行执法监督。社会组织综合党委承担属地登记社会组织的党建工作，为B-X会开展党建工作塑造外部环境；社会福利、社会救助及社会建设等省市民政业务工作的开展，为B-X会的公益服务拓展了合作空间。

④省、市委社会工作部统筹领导"两新"组织党建工作，对B-X会党建工作的开展具有宏观指导意义。

⑤在发展过程中，B-X会与市城管局、市交通管理局等多个政府部门开展公益服务合作。

⑥社会、市场、法制、文化等因素也对B-X会的生存发展环境构成影响，从本书、本章的论述主题出发，此处不作详细分析。

B-X会生存发展的组织环境，可用图5-2进行表示。

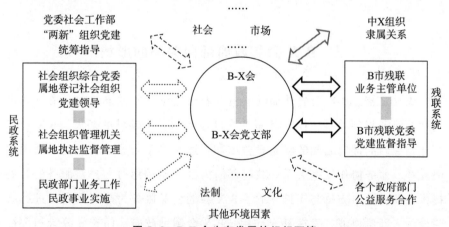

图5-2　B-X会生存发展的组织环境

2. 与残联系统及民政系统的关系

（1）与残联的关系

在当代中国的政治框架下，残疾人联合会承担着代表残疾人共同利益、为残疾人服务、管理和发展残疾人事业等三重职能，作为群团组织，承担各级政府委托的任务，可以被看作履行特定社会建设功能的"准"政府部门。

受到地理环境、地域文化、历史发展等因素的影响，与发达省份及地区相比，A 省的改革开放、经济社会发展步伐相对平缓。2011 年 9 月，B-X 会发展历史上的第一支服务队——B 服务队成立，最初隶属 L 省的南城 X 会，其后一支支服务队陆续建立、逐渐发展壮大，直至 2013 年 1 月 B-X 会正式成立。在刚刚发展到 B 市、A 省时，X 会及其公益服务的公众知晓度、社会接纳度有限。

> 中国 X 会 Y 省代表处成立，省长出席大会；现在，各省代表处成立，（副）省长、省委（副）书记都出席。B 市最开始没有设立中 X 代表处，我们自己发展到八百多人，政府一看这个组织挺大、挺好，就筹划设立代表处、发挥积极作用。B-X 会跟全国其他代表处都不同，所经历的独特过程是其他代表处没有的。（F31，男，副主席，教育机构负责人）

在发展初期，B-X 会也经历了许多社会组织与政府部门对接时经常遇到的问题。社会组织缺乏与政府部门建立联结的主动性与顺畅渠道，这往往使社会组织在得到接纳、取得合法地位、获得政府部门积极支持方面面临考验。

中 X 由中国残联主管，依照制度惯例，各地 X 会由地方残联作为业务主管单位进行接管。依据资源依附理论，任何组织都无法完全孤立地控制达成组织目标所需要的所有条件，组织时刻都在与环境进行交换；在交换过程中，环境向组织提供关键性稀缺资源，以保证组织的顺畅运作（Hall，1991：278）。获得外部环境资源支撑成为推动社会组织运行与发展的关键因素。

G 省、P 市等经济发达省市对国际 X 会志愿服务的接纳速度快、接纳程度高，2002 年 4 月就成立了地方 X 会，日期甚至早于 2005 年 6 月成立的中国 X 会。B 市残联对 B-X 会及其志愿服务的态度经历了谨慎观察、初步了解、深入考察、主动支持的变化。2011 年 9 月，B 市就出现第一支 X 会服务队，在短时间内服务队数量就增加到 8 支，其公益服务产生越来越大的社会影响，2012 年 1 月成立分区，但仍隶属于 L 省的中 X 南城代表处。2012 年 9 月，B 市残联党组会议决议申请成立中国 X 会 B 会员管理委员会；10 月，筹备领导小组成立，正式提出成立申请；12 月，中国残联、中国 X 会先后批准成立中国 X 会 B 会员管理委员会（B-X 会）；2013 年 1 月，B-X 会党支部成立，B-X 会成立大会召开，中国残联副理事长兼中国 X 会会长、A 省残联理事长、B 市委常委兼副市长、市残联理事长兼 B-X 会首席代表等领导人员出席成立大会。

中 X 及其公益服务在 B 市、A 省的传播发展、社会接纳、政府认可，与 B-X 会自主筹措的丰富公益资源、提供的多元公益服务，对残联及其他政府部门推进社会建设，构成补充性社会力量支撑与外部性资源增量输入存在密切关系，是 B 市残联形塑与 B-X 会关系时的重要考量。

对公益组织与政府部门在社会治理与社会建设中的功能角色分工存在基本共识。B 市残联副理事长、B-X 会代表在接受访谈时表示："B-X 会要模范遵守中国的法律法规，确定服务项目的时候，一定要符合政治原则，即替政府解忧。比如，在政府没有触及帮扶白内障患者的时候，B-X 会要把白内障患者的帮扶做好。"（F36，男，B-X 会代表，B 市残联副理事长）

随着 B-X 会不断开展丰富多彩的公益服务，将其汇集的资源重新分散配置到社会中，扶助弱势群体、解决社会问题，B 市残联对它表现出充分的认可与支持。市残联向 B-X 会派出首席代表或代表（非常设职务）、秘书长、党支部第一书记，在依法办会、开展公益服务、党组织建设等方面对 B-X 会进行引领与监督，也在二者之间建立起多维度的组织架构关联。

在访谈中，一些领导 X 友表示，现在 B-X 会与市残联的关系像一家人：B-X 会开展公益服务，致力残疾人事业，在政府部门引领下参与社会建设；残联借助 B-X 会的公益力量作补充，有利于提升工作效率、增进残疾人福祉，在职能范围内最大限度地支持 B-X 会的运行与发展。由此，B-X 会与 B 市残联建立起监管引导、协调合作、共生发展的关系。

B 市残联向 B-X 会党支部派驻第一书记，支持与指导党支部书记开展工作，第一书记由残联选派的 B-X 会秘书长兼任，残联机关党委对 B-X 会的党建工作进行整体上的监督指导。详见第四章的论述，此外不再赘述。

（2）与民政的关系

与 G（省）X 会、P（市）X 会完成民政登记注册、具备社会组织独立法人资格不同，与全国其他地区的 X 会一样，B-X 会未在 A 省、B 市进行独立法人登记，只是以中 X 地方代表机构的身份开展公益服务。尽管 B-X 会存在属地管辖、组织身份的独特性，A 省、B 市民政部门，特别是社会组织管理部门、社会组织综合党委仍然以灵活的形式，对 B-X 会的日常运行、组织发展进行监督管理，为 B-X 会的党组织建设营造导向性的环境氛围。

B-X 会重视与省市民政部门的合作，结合民政业务工作部署，积极发挥自身的服务项目优势，与民政部门长期持续联合开展敬老扶贫、儿童福利、社会救助等公益服务活动，对民政部门履行社会建设主体责任形成补充，在获得民政部门认可的同时，也拓展了自主性发展的空间。

3. 与各个政府部门的关系

外部环境是影响公益组织发展的重要因素。自成立以来，为了营造良好的生存发展环境、获取必要的政府资源支持，B-X 会积极主动地与诸多政府部门、群团组织建立良好关系、合作开展各类公益服务项目。比如：与 B 市城管局合作开展环卫工人慰问活动、"端午文明踏青"宣传活动，与市教育局合作举办和平海报大赛，与市交通管理局联合开展"文明先行大爱公益"交通安全知识宣传，与市政协、市妇联合作为贫困白内障患者提供医疗救助服务，与省市卫生健康委员会合作开展失独家庭关爱及糖尿病防治知识宣传活动，与团市委、省青基会等单位合作开展公益助学活动等。

在最开始与 B 市城管局联合举办"端午文明踏青""清冰雪行动"时，国内其他地区的 X 会并没有与城管局开展类似深入合作的成熟经验。面对政府部门对公益组织接纳度有限的现实，B-X 会将服务项目定位为对政府工作查漏补缺、增光添彩，发挥自身优势参与社会建设。

B 市城管办主任在接受访谈时回忆："在三年前的一个冬天，那年雪特别大，为了保交通、保出行安全，我们发动志愿者积极参与到清冰雪的工作中。当时有个组织，很热情，说他们是 X 会。什么是 X 会？我那时候也是孤陋寡闻。我们一开始只是观望，人家积极申请，既然人家参加了，咱们就分配任务。他们参与其中的时候，那种热情、专注和执着感染了我们。就是从那年冬天那场雪开始，我们和 B-X 会建立起了合作伙伴的关系。"（F34，男，B 市城管办主任）

社会转型为公益组织的发展带来契机。B-X 会在城市管理中主动贡献资源，利用自己的实际行动，打开了与政府合作的新局面。许多政府部门对 B-X 会的态度发生了改变，从最开始的陌生、观望到接触之后的熟悉、信赖，再到后来与 B-X 会建立长期合作关系、联合开展服务项目，这与 B-X 会能结合自身的公益服务特色积极参与政府部门领导与推进的社会建设事业密不可分。

在合作过程中，B-X 会有意识地突出自身的社会组织属性，凭借系统成熟的公益服务经验，逐渐获得政府部门的认可与信任，在辅助政府工作的同时，也努力为自身发展营造良好的外部环境。通过合作，政府部门为 B-X 会的运作与发展提供了合法性支撑与政策性倾斜。B-X 会也在运行与公益服务参与中，保持了必要的自主性，为组织发展注入活力。

4. 与党委社会工作部的关系

伴随 2023 年党和国家机构改革的推行，A 省、B 市都组建了党委社会工作部，在社会工作部设立党委"两新"工委。统一领导行业协会商会党的工作，指导新经济组织、新社会组织、新就业群体党建工作，负责志愿服务工作，是省市党委社会工作部的核心职能。

各级党委社会工作部成立及其后续工作开展，标志着党对社会组织发展核心领导地位的强化，将为公益组织党建工作开展提供宏观政治方向指引及规范化建设实践指导，对公益组织的发展道路与发展模式选择也具有重要影响。省市党委社会工作部对 B-X 会党建工作开展的影响，需要进行后续的观察与研究。可参见第四章的相关论述。

（二） B-X 会：依托政府部门推动组织发展

1. 对政府开放管理策略的依赖

以国家制度环境为支撑，B 市残联及其他政府部门，为 B-X 会的发展提供了较为开放的拓展空间。B 市城管办主任在谈到对公益组织的看法时表示："有一些东西不介入，多理解、少猜忌、多包容，我觉得应该以一个开放的心态、思维和眼界来看待社会各界方方面面的力量。"（F34，男，B市城管办主任）

灵活、适度、开放的国家管理政策对社会组织、公益组织的健康良性可持续发展具有重要影响。在这种背景下，党和国家出台一系列社会组织登记注册、业务管理与监督指导的政策制度，在扶持公益组织发展的同时，也在客观上作为重要的"在场"角色，引领着公益组织发展的正确方向。

B市残联副理事长、B-X会代表表示："现在有的省已经把X会当作残联的附属机构了。B-X会之所以发展这么快，是因为我们采取了正确的路线，既要放手让他们去做，也要进行适当的监管。这个监管一般都是政策路线方面的，再一个就是不能管死，任何事情管死了都不是好事。"（F36，男，B-X会代表，B市残联副理事长）

作为业务主管单位，B市残联并不过多深入干涉B-X会运行与公益服务的具体事务，而是以B-X会的组织架构为依托，通过向B-X会委派首席代表（或代表）、秘书长、党支部第一书记等人员①，以组织运行、服务实践、文化建设为切入点，以党建引领、业务监管为核心抓手，在尊重B-X会运行自主性，保护其参与公益服务、社会建设主观能动性的同时，对B-X会发展的正确政治方向进行宏观引导。

2. 借助政府部门支持提升组织公信力

开展公益服务项目时，获得政府部门支持、借力政府公信力，更容易得到公众的接纳与认可，这对扩大B-X会的社会基础与社会声望具有正向作用："残联帮助B-X会这一社会组织进行沟通协调，给B-X会带来很大便利。B-X会紧紧依靠残联，但不直接归属残联领导，有独立的理事会、会员代表大会②，大事通过理事会决议，制定年度服务计划和发展计划，按计划实施工作。B-X会有相对的独立性，残联既监督又支持，两者之间是相

---

① B-X会首席代表通常由B市残联副理事长担任，不派驻首席代表时则设立代表；B市残联向B-X会派驻的秘书长通常兼任党支部第一书记。

② 自成立以来，B-X会的下属机构及其名称经历了调整，"理事会"后来改称"办公会议"，"会员代表大会"后来改称"联席会议"。材料中的名称为受访者接受访谈时，B-X会各下属机构的名称。

互依存的关系，拉近关系对组织发展有好处。"（F37，男，主席，律师）

公信力直接关系到公益组织能否真正扎根社会。根据相关政策规定，公益组织需要在业务主管单位的监督指导下开展工作，这种体制框架有利于公益组织借助政府公信力拓展发展空间。与政府部门建立良好关系、共同开展公益服务，有助于借助政府公信力获取基层社会的服务需求、提升社会各界对公益组织及公益服务项目的信任度。

> 我们以前对 B-X 会很陌生。他们这个服务队到我们这来正好是春节之前，他们正好做帮助贫困家庭、贫困残疾人家庭的项目。我们小区挺特殊，回迁房、廉租房多，贫困人口也比较多。服务队到我们社区来之后，了解到我们社区的这种情况。他们做事特别实在，和我们一起入的户。我们去了几家，家里特别困难，还有人有肢体残疾、多少年都出不了屋。他们第一年帮助了 25 户贫困残疾人家庭，送的资金和米面油，还有对联，挨家慰问。他们这个队最大的优点是不光从物质上帮助你，从精神层面也给予很大帮助。好多贫困残疾人是很悲观的，他们去之后就鼓励大家，跟大家说有什么困难就说。他们不仅仅是说，实际上也是这么做的，特别能做实事。（F38，女，社区党委书记）

政府部门对 B-X 会开展社区服务项目发挥对接作用，而 B-X 会也通过服务基层让民众逐渐认识自己、提升自身的社会公信力。在这一过程中，在 B-X 会的感召下，部分社区自发涌现出许多志愿者、主动配合及参与 B-X 会的公益服务活动。B-X 会对政府资源的借用进一步强化了自身的社会基础。

3. 依托政府部门搭建需求与服务的桥梁

对 B-X 会而言，与相关对口政府部门开展合作，有助于在筹划服务项目、收集服务信息、确定服务对象、调配服务资源等方面获得政府部门的支持，在政府部门的引导与推动下，在公众的社会服务需求与 B-X 会的公益服务资源之间搭建精准的桥梁。

政府部门会利用自身优势，汇集信息、资源与政策，在这些要素与 B-

X 会的公益服务之间建立桥接关系，为公益项目实施提供强有力的支撑与便利条件。比如，在社区开展公益服务项目时，准确获得受助者的信息、召集受助者参与活动，对公益组织而言有一定困难。与残联、街道社区及相关政府部门开展合作，由其牵线搭桥，可以更准确地确定受助者、与其实现联系对接，这对提升民众对公益服务项目的接纳度、提高公益服务项目的实施效率具有很大帮助。除帮助 B-X 会对接需要帮助的社会群体，甚至直接提供受助者名单外，B 市残联、街道、民政等相关政府部门有时也会向 B-X 会提出公益服务项目建议。

通过与政府部门开展合作，B-X 会得以拓展展现公益服务行动效能的创新性平台，为政府部门制定帮扶弱势群体、解决社会问题的整体性、系统性方案发挥辅助作用："B-X 会以残联业务主管单位，由残联指导，帮助 B-X 会与街道、民政等其他政府部门进行沟通协调，与政府部门拉近关系对 B-X 会的发展好处很多，让 B-X 会的社会基础更加宽厚，为 B-X 会开展公益服务带来便利。"（F39，男，副主席，企业主）

（三）政府部门对 B-X 会公益资源的吸纳与利用

1. 吸纳 B-X 会加入多维度社会建设

政府部门主导实施的社会服务与社会建设，往往更加关注带有普遍意义的宏观性社会需求。公益组织为推动社会建设提供了新的补充性社会力量。作为以社会服务为核心的公益组织，与残联及政府部门相比，B-X 会的优势是，能够更方便地立足民众的多元化需求，特别是能够针对少数弱势群体的特殊性微观需求提供更细致、更有针对性的社会服务。

中国人口数量庞大，政府在为公众提供社会服务与社会救助时，难以面面俱到；在经济援助尚难以完全覆盖时，受助群体精神上的需求就更容易被忽视。B-X 会的成员以中产阶层人士为主，接受过较为专业化的公益服务培训，能够在一定程度上缓解政府部门面临的社会建设与社会服务供给难题。X 会独特的公益理念，使其在提供社会服务的同时，除尽力满足受助者的物质需求外，还注重对受助者施加精神关怀，这对安抚受助者情绪具有积极作用：

B-X 会在这方面发挥了补充作用。任何国家都有公益组织，公益组织将社会资源补给需要帮助的群体。不仅是在衣食住行方面，公益组织给予弱势群体的关爱及精神层面的东西，远远超过了金钱上的帮助。(F40，男，秘书长)

B-X 会的会员来自社会各界，相较于政府部门，便于更全面、更细致地感知公众对公共物品与公共服务的多元化需求；公益组织灵活的组织架构更契合公益服务项目开展的需要，B-X 会的晋升激励、荣誉激励与集体激励模式也有助于提升公益服务质量与服务项目的运行效率。上述优势，为 B-X 会实施更精准、更具有实效保证的公益服务创造了条件，也使 B-X 会成为政府部门推动社会治理与社会建设的重要补充力量。

2. B-X 会对政府压力的缓解作用

鉴于政府在社会治理与社会建设中的统筹者、领导者角色，当出现社会服务供给不畅的问题时，政府部门往往承受来自社会各界的最多的压力。面对政府在社会服务供给方面精力有限的客观现实，公益组织有针对性地参与社会服务，有助于对政府形成补位效应，缓解政府部门的压力，有利于政府部门把精力集中在重点民生工程的实施方面。

目前，B-X 会的会员数已超过 2800 人，拥有 100 多支服务队，在深入了解、实地考察、科学论证、民主决策的基础上制定公益服务计划，聚焦重点领域的社会问题与社会需求，以中 X 的服务项目框架为指引，开展助学、助残、扶贫、救灾、疾病防治、社区服务等公益活动，取得了良好的社会效益，有助于缓解政府部门在社会服务与社会建设方面面临的公众压力。

X 会这样的组织在社会服务和社会建设方面是政府的重要补充，本来这些人就来自各个组织、各个社团，来自不同的企业和家庭。X 友做这些事，也有利于保持社会稳定、和谐，这些服务能够触及政府照顾不到的地方，对缓解社会矛盾起到非常重要的作用。在这方面，政府应该多了解 X 会这样的公益组织，X 会也要多向政府汇报、多与政府交流。(F41，男，创区主席、中国 X 会副会长，企业主)

公益组织的公益理念，决定了其在开展公益服务时更加具有主动性。面对社会上的弱势群体，公益组织具有得天独厚的优势，能更加贴近弱势群体，让他们感受社会关爱，以此为基础参与搭建和谐稳定的社会平台，有利于缓解政府部门面临的社会服务与社会建设压力。当政府部门面对社会服务供给力有未逮的时候，将其桥接给公益组织具体实施，既是一种切实可行的社会治理体系创新思路，也给公益组织提供了锻炼、发展的机会。

3. B-X 会与政府公信力的提升

公益组织具有民间性，更容易从受助群体的视角出发、利用有异于政府的思维方式看待社会问题，在与政府部门开展合作时，把公众的真实需求传递给政府，有助于政府更合理配置公共资源、更有效解决社会问题。从这一角度看，与公益组织建立良好合作关系，对提升政府部门公信力也具有辅助促进作用。

在公共管理和公共服务方面，B-X 会发挥了补充作用。通过政府部门与公益组织的合作，那些受到帮助的人会更加理解政府、信任政府。(F31，男，副主席，教育机构负责人)

作为公益服务与公益项目的提供者、实施者，B-X 会弥补了政府接触不到或没有精力触及的领域，通过与政府部门的良好合作与密切配合，以政府伙伴的方式，向民众提供优质社会服务，对维护与提升政府公信力发挥着重要的归因、链接与辅助作用。

四　自主与合作：B-X 会与公益组织发展的道路选择

（一）公益组织与政府的关系及其发展困境

1. 公益组织发展的主体性困境

在当代中国，公益组织参与社会治理及社会建设，与政府部门的相关职能产生部分重叠不可避免。因此，加强对公益组织的引导、监督与管理，对新时代社会治理体系创新至关重要，也对公益组织的运行与发展模式产生重大影响。

在当代中国，与政府部门建立关系相对缺乏自主性，对公益组织来说是较为常见的现象。部分公益组织的运作高度依赖政府资金支持，这在无形中又加剧了不同公益组织之间对政府资源的争夺。与此相反，无视当代中国的国情，刻意强调、放大与政府部门的距离，简单照搬西方国家公益组织的发展模式，也不利于当代中国公益组织的发展，在压缩公益组织发展空间的同时，还会加剧公益组织与政府部门之间的张力，使公益组织陷入合法性与公信力的泥沼，这无疑是有害的。

前文各章所析及 B-X 会的实践表明，在当代中国，公益组织与政府关系的理想形式为党建引领下的"自主合作"关系，既有助于政府部门发挥社会治理与社会建设职能、增进公众福祉，也为公益组织在党建引领下保持正确政治方向、发挥自身优势、通过社会服务推动美好社会建设提供良好机遇。当代中国的社会治理日益复杂，公益组织的社会服务参与在一定程度上有助于弥补单纯依靠政府机制或市场运作可能产生的短板。

政府在当代中国的社会建设中居于主导地位，公益组织属于政府管理统筹体系中不可或缺的延伸性组成要素。但在参与社会建设的过程中，二者之间的差异与张力，一定程度上制约和影响着公益组织提供社会服务、推动组织发展的主体性地位。

2. 公益组织发展的制约因素

目前，制约我国公益组织发展的一般性因素如下。

第一，资金来源单一。部分公益组织的经济来源过于依赖政府，通过其他渠道获取的资金有限，资金来源单一成为公益组织发展的瓶颈之一。

第二，外部依赖较强，行政色彩浓厚。部分公益组织直接由政府设立，相当大比例的公益组织成为政府部门的职能延伸，自主性有限；多数公益组织的中高层负责人由政府人员担任，事项决定权掌握在政府部门手中。

第三，自身发展能力薄弱。我国公益组织发展起步较晚，在建立完善健全的规章制度与管理体制方面尚存在不足；财务状况缺乏公开性与透明性，制度运行效率较低；社会公众的信任度有限，阻碍组织的进一步发展；人员管理和成员发展工作缺乏专业性。

第四，登记门槛高。《社会组织登记管理条例》的行政立法尚未完成，目前，社会组织登记仍要遵循《社会团体登记管理条例》《民办非企业单位登记管理暂行条例》《基金会管理条例》等规章制度。我国政府对社会组织遵循"登记管理机关"和"业务主管单位"双重审核、双重负责、双重监管的原则。在多重管制下，规模小的准社会组织很难成功注册登记。

（二） B-X 会的自主发展及与政府的合作关系

1. 发展自主性与巧用政府资源

公益组织必须在立足"社会"的同时，与政府部门建立良好的对接关系，最大限度地获取政府支持："百姓对社会组织的认可、了解有个认识过程，街道社区代表政府，就与社会组织不一样。社会组织做好事行，但是做不好事跑了怎么办，街道社区跑不了，这就是老百姓经常说的'我有事就找社区'。社会正能量很多，也有不好的一面，老百姓还是很有戒备心理的。"（F38，女，社区党委书记）尽管不是政府部门，但作为政府行政体系，特别是街道在基层社会的治理末梢，社区被民众看作政府的代表，具有公益组织无法完全替代的公信力基础。

B-X 会虽然有发展自主性，但并没有忽略与政府部门之间的联系。在问及与政府部门开展合作 B-X 会是否更具有主动性时，接受访谈的社区党委书记说："B-X 会做了很多，比如，'走进大自然''金澡巾'都是通过和街道社区、特殊群体接触之后，他们主动想到的，他们觉得做这个项目老百姓特别受益，能解决实际困难。我们也起到平台的作用，给居民做一些义务服务，我们与 B-X 会之间其实是一种共建。"（F38，女，社区党委书记）

B-X 会在"封闭发展"与"依附政府"两个极端之间找到一条适度的中间道路，凭借自身资源与社会服务优势，确立了党建引领下的"自主合作"的发展道路。B-X 会的一个重点发展方向是立足社区做服务。老百姓刚开始时对 B-X 会了解不足、存在疑惑，由街道工作人员代表政府引导 B-

X 会成员走访社区，不仅为 B-X 会的公益服务活动打开局面，也成为政府部门推进社会治理与社会建设的辅助与补充。B-X 会的服务模式既有助于与政府建立良好的合作关系，也保障了自身的自主发展权利。

2. 体制框架下的发展主体性

在问及 B 市残联对 B-X 会的监督管理、支持引导时，B 市残联副理事长说："我们在对他们进行宏观监督管理的同时，尽量放开，发挥他们的能动性；再一个就是，倡导必须按照法律法规，做的每一件事都不能触犯中国的大政方针；还有就是要求必须讲政治、懂政治。"（F36，男，B-X会代表，B 市残联副理事长）

伴随社会建设对公益组织参与的需求加大，政府部门越来越重视发掘发挥公益组织的作用。为了获得政府支持，公益组织的主动性就尤为重要。B-X 会在正式成立时，由业务主管部门 B 市残联进行监督管理，被纳入体制框架延伸是其得到发展的重要前提。作为公益组织，遵守国家的政策法规、恪守"公益""社会"属性，为 B-X 会赢得自主发展的空间，有助于 B-X 会较为顺利地解决部分公益组织在发展中面临的身份与合法性难题。

在政府部门的信任支持、方向引导下，B-X 会积极对接政府主导的社会治理与社会建设需求，通过获取政策资源支持弥补自身不足，更加高效地调动内部资源，精准投入公益服务，提升公益服务质量："我们刚到一个地方开展活动会比较困难，到各家各户走访，了解不同家庭的生活状况，街道社区会为我们提供名单，但是我们也要落实他们是否真正需要帮助。"（F15，男，服务队队长，企业主）

作为公益组织，B-X 会致力于扎根社会、服务公众需求、解决具体社会问题，积极与政府部门建立良性合作关系，但并未将自身运作等同于照搬照抄政府部门的工作方案。B-X 会重视对社会需求与社会问题进行认真细致的"第一手"调查走访，在此基础上再作出服务决策。被引入体制框架并不意味着被动地成为体制的"附庸"，B-X 会拥有发挥主观能动性的清醒意识与充足能力。

在最开始，我们以"成为 A（省）公益事业的领航者"为愿景定位，突出公益意识、规范化发展，但是这种愿景会引起歧义，以后可能要更改为"成为 A（省）公益事业的生力军"，但是内心还是想成为最优秀的组织。（F42，男，服务队队长，企业主）

在与政府部门磨合过程中，B-X 会根据需要，及时完善调整组织发展的定位，目前已经正式完成上述愿景表述的调整，审慎规避与政府部门在公益事业引领形象等方面可能存在的潜在张力，将关注重点放到如何利用自身优势参与社会建设等服务工作中。通过最大限度地获取政府部门的理解与支持、展现自身实施公益服务的优势，B-X 会在人员投入、资金筹措、服务时间、服务内容等方面都对政府部门形成有力补充，在获得政府认可与支持的同时，也最大限度地保持了发展的独立性与自主性。

3. 自身发展与推动社会发展

中国在转型，现在政府更多提供平台和服务，审批现在越来越少，权力逐渐下放，服务这个职能，越来越交给像 X 会这样的组织。不同的组织发挥不同的作用，X 会这样的公益组织发挥自己的作用，就需要跟政府相互沟通、理解、交流，这样政府把事情交给 X 会去做，也就更放心。（F43，女，服务队队长，企业主）

公益组织的发展需要有良好的社会根基与广泛的社会认可。B-X 会并不是把目标定位在规模较大、在短期内能产生轰动性社会影响的服务项目上，而是重视开展细致性、持久性的服务活动。在帮扶项目实施中，B-X 会成员亲力亲为，感召很多接受过帮助的贫困人员自发组成志愿者团队，不仅有助于更直接、更便捷地发现与解决民众面临的实际生活困难，还扩大了公益服务的规模，有助于夯实美好生活建设的社会根基，这种衍生效应是 B-X 会协助政府推动社会建设的独特贡献。

4. B-X 会与政府部门的合作发展模式

在当代中国，公益组织与政府部门有两种合作模式，值得关注。

第一种模式是将政府部门的下属机构转化成为公益组织。这一模式是政府部门改革或政府职能社会化的产物。新设立的公益组织的人、财、物等各类资源大多来自政府部门，在组织行为上仍然深受政府部门的"掌控"。

第二种模式是政府部门把一部分事务性管理和公共服务转移给公益组织，社会组织承接政府转移职能和购买服务，尊重与支持公益组织的自主性发展。这种模式充分体现出政府部门鼓励公益组织发展的原则，显现出社会发展及社会治理民主化的趋向，最大限度地支持公众及社会组织有秩序地参与社会治理与社会建设。

B-X 会与政府部门之间的关系主要体现出第二种模式的特征——筹措与集中社会资源，支持各社会阶层参与社会治理与社会建设，辅助政府部门工作，提高社会问题解决效率，共同推动美好生活建设。

2016 年 1 月 22 日，B-X 会与 B 市城管局合作开展的关爱环卫工人"暖杯行动"在市城管局会议室举行启动仪式。B-X 会在 B 市下辖的 NG 区、PF 区、DL 区、DW 区、HL 区、SC 区、AC 区相关地点，与市政环境公司分别举行对接仪式。活动由 B-X 会发起。

环卫工人作业时间大多在后半夜，夜间工作时喝上热水对保障环卫工人的身体健康与工作效率至关重要。这构成本次活动的缘起。B-X 会提出要为环卫工人提供保温杯，向市城管局表达合作意愿。市城管局了解到 B-X 会的初心，积极与其展开配合，在 B 市不同片区分别召集环卫工人，组织发放保温杯。B-X 会为 17546 名环卫工人捐赠保温杯，价值 877300 元，有近 1000 名 X 友捐款。在双方密切合作下，本次活动圆满成功。

B-X 会负责整个活动流程的运作，包括调查需求人数、联系供货商、筹集资金；市城管局负责利用自身的行政管理者角色，快捷便利地把环卫工人召集在指定地点、发放保温杯："虽然没有政府部门的参与，我们也能实施'暖杯行动'，但目前的合作模式，影响力会更大，而且政府部门参与提供的这些对接资源，有助于我们'走捷径'——政府部门能很方便地联系每个社区、片区的负责人。上次我们服务队捐了两千个水杯，就在 XX 中餐厅门口召集了两千名环卫工人。有政府部门的参与，很轻松地就召集来了，如果要我们自己找环卫工人，可能就会很麻烦，需要一个一个去找。"（F33，男，理事会理事，企业主）

在 B-X 会与政府的合作模式中，政府部门把提供公共服务的部分职能转移给公益组织，公益组织主动调研与响应社会需求，担当社会服务项目的发起者、主要执行者角色，政府部门予以密切配合。这种关系模式既有利于避免公益组织过度依赖政府而衍生出社会建设参与主动性、自主性不足的问题，又通过政府部门对公益组织服务资源优势的桥接作用，向目标群体提供更有针对性的服务，这对政府部门社会治理与社会建设目标的实现形成有力支撑。

（三）　B-X 会对公益组织发展的启示

1. 公益组织工作团队专业化水平的提升

维持公益组织的正常运转、推进社会服务项目的顺畅开展，需要培育健全完善的日常工作团队。一般社会组织秘书处人员大多从会员中抽取、由会员兼任，难以保障在工作中投入充足的时间与精力，也难以保障兼职人员的专业素质。与此相比，B-X 会秘书处的具体工作人员不从会员中产生，而是由专职人员担任；秘书处设置总干事，下设各有具体工作分工的多名干事，工作经验丰富，为 B-X 会的良好运转提供了有力的管理人员保障。

B-X 会的经验凸显出聘请、培育专业化工作团队对公益组织发展的重要性。公益组织应该定期对普通会员、领导团队成员及行政工作人员开展服务意识、服务理念、服务技能与领导才能的培训活动，开展形式多样的会员联谊、公益服务经验心得分享活动，在增强组织凝聚力的同时，尽力提升公益组织成员的整体素质与公益组织运行的专业化水平。

2. 公益组织资金来源渠道的拓展

在当代中国，部分公益组织的运行资金主要依靠政府部门拨款，或者依靠国际性公益组织及其他组织的支持。这往往限制了公益组织活动开展的自主性，对公益组织的"社会组织"活力形成制约。外部支持资金的不稳定性、不连续性，常常造成公益组织在上个时期发展迅速、下个时期发展缓慢的局面。部分公益组织通过挂靠政府部门、依赖政府拨款缓解发展困境，与政府部门达成长期合作，但也容易陷入政府职能依附的局面，弱化了公益组织存在的"社会"意义。因此，公益组织应当积极拓展自身的资金来源渠道，探索灵活、独立的资金筹集机制和形式，为自主性发展提供坚实支撑。

3. 加强监管机制及法律制度建设

B-X 会以中 X 为上级单位，以 B 市残联为业务主管部门。与 B-X 会相比，部分社会组织，特别是规模较小、由基层社会发展起来的"草根"组织，要想顺利完成在民政部门的注册登记会面临一些困难。合法性欠缺使部分公益组织较难得到社会认可，较难筹集社会资源。为支持公益组织发展，国家应当持续完善相关法律法规与监督管理机制，在保证把关质量、提高监督效率的同时，赋予公益组织相应法律地位，维护公益组织发展的适度自主性和正当合法权益。

五 发展自主性及公益组织与政府关系的研究发现

公益组织的发展自主性问题十分重要。本课题以 B-X 会为个案，考察公益组织的发展自主性及其与政府的关系。通过研究，取得如下发现。

第一，形成适合自身的运行机制，有助于公益组织保证发展的自主性。在服务项目设置方面，可发挥特色优势，明确自身在服务项目实施中的主导地位；通过内、外结合的渠道筹集资金与资源，对确立财务运转的独立性、保证组织发展的自主性具有重要意义；形成具有独立性的会员招募与管理机制，是保证公益组织发展自主性的重要因素。

第二，通过资源互补优势互换，与政府部门建立稳定的合作关系，对公益组织拓展发展空间、助力社会建设、维护发展自主性具有重要意义。借助政府权威与资源对接优势，增强组织公信力、响应社会需求、优化服务供给，是公益组织实现发展自主性的有效途径；在与政府合作前提下，发挥自身的民间、非营利优势，提供精准性、特色性社会服务，有助于缓解政府部门的社会治理与社会建设压力，也为公益组织的发展自主性提供了有效支撑。

第三，面对当代中国的社会转型，回应公益组织的发展自主性挑战，既有赖于公益组织探索推进自身发展的模式，也取决于国家对社会治理、社会建设政策环境的优化完善。公益组织应当探索党建引领下的"自主合作"发展道路，确立自身发展与政府目标的契合点，在合作基础上打造自由发展空间，以更好地服务当代中国的社会治理与社会建设。政府部门应当加强对公益组织发展的政策制度支持，在把握正确政治方向与发展方向的前提下，保护公益组织发展的积极性，发挥其在社会治理与社会建设中的有益辅助作用。

第六章　公益服务参与及中产阶层认同研究

一　研究问题、研究视角与研究方法

（一）研究问题：公益服务参与及中产阶层认同

党的二十大报告指出，要"引导、支持有意愿有能力的企业、社会组织和个人积极参与公益慈善事业"，"健全共建共治共享的社会治理制度，提升社会治理效能"（习近平，2022：47、54）。吸纳不同社会阶层、社会群体通过公益服务参与社会建设，成为贯彻党的二十大精神、推进国家治理体系和治理能力现代化的关键。

改革开放特别是 21 世纪以来，当代中国中产人群的数量迅速增长，为满足其逐渐强化的社会参与意愿提供顺畅的机制保证，对当代中国的社会稳定意义重大。以慈善、社会工作、社会服务为核心活动的公益性社会组织，吸引广大中产阶层个体积极加入，这成为构建吸纳型社会建设模式的重要途径。

学界对中产阶层的界定一般从主观与客观两个维度入手（李培林、张翼，2008；李春玲，2016；周晓虹，2002）：中产阶层在收入水平、资产占有、专业技能、教育程度、社会声望等方面具有明显优势；无论是在其他群体的评价还是在其自我认同中，中产阶层都被看作具有独特群体认同的社会存在。政治环境宽松，经济持续稳定发展，第三产业壮大，市场化及城市化进程加速，是改革开放后中国中产阶层得以出现的重要前提（周晓虹，2005）；正规的教育渠道、专业技术渠道、市场渠道是进入中产阶层的三条重要渠道（李强，2015）。

尽管可以用"中产阶层"总体指代企业主、医生、教师、律师、专业技术人员等职业群体，但这些以个体形态散布于庞大人口基数中的中产个体如何发生彼此的社会关联、生成稳定而清晰的中产阶层认同、形成整体意义上的"中产阶层"？中产阶层如何在当代中国的社会建设中发挥"主体"作用？这是本课题在已有研究基础上，以 B-X 会为公益组织的研究个案，试图回答的核心问题。

（二）研究视角

历史学家汤普森在《英国工人阶级的形成》中，提出了富有启发性的视角。在汤普森看来，英国工人阶级并非简单地由经济因素决定、在某一时刻必然出现的客观存在，而是其独特社会境遇的产物，形成于自身的文化传统中，工人阶级并非简单的客观形成，更是主观形成的过程（汤普森，2013：1~3）。汤普森把"经历"看作阶级形成的关键。"经历"是"存在"与"觉悟"间的纽带，没有特定的"经历"，认同不会出现，"觉悟"不会生成，行动力不会凝聚，阶级也就无法形成。

汤普森聚焦阶级形成的主观因素，为本课题提供了研究视角的启示。"加入公益组织、参与公益服务"这一共同经历，是当代中国中产个体阶层认同形成的重要途径之一。以其收入、资产、专业技能、社会资本等要素为依托，中产个体在共同参与公益服务过程中，在公益文化发酵下，感受到他们的"群体"属性和"社会"使命与其他社会群体存在差异，萌生"共同存在"的"集体觉悟"，逐渐形成"中产"群体的自我认同，汇聚成以公益服务为载体的社会行动力，中产阶层的客观存在与主观认同之间的间隔得以跨越。

（三）研究方法

其一，观察法。通过在 B-X 会秘书处实习，研究者对 B-X 会的各类工作会议、组织培训、奖励表彰与公益服务活动进行观察，了解 B-X 会的运行机制，关注 B-X 会成员，特别是领导 X 友的组织管理、公益服务参与实践，重点考察 B-X 会成员在公益服务参与过程中阶层意识、阶层责任感的形成过程。

其二,访谈法。通过方便抽样、滚雪球的方法选取 25 名 B-X 会成员作为访谈对象,根据设计好的访谈提纲进行访谈。通过访谈,对中产个体参与公益服务的动因与体验、参与公益服务对中产个体阶层认同形成的影响等问题,进行深度挖掘,与通过观察获得的研究发现形成呼应与印证。

二 中产个体的公益参与动因:"外在-内在"的 "推拉"效应

散布于不同社会领域、从事不同职业的中产个体,之所以选择加入 B-X 会、通过公益服务凝聚在一起,既与 B-X 会组织特质、组织文化的吸引效应有关,也源于在经济收入、道德观念和价值追求驱动下个体的结社意愿与服务意愿。中产个体的公益服务参与是外在客观因素与内在主观因素"推拉"效应双重作用的结果。

(一)组织特质与组织文化的拉动效应

1. 集体性资源对中产个体的吸聚

B-X 会近 80% 的成员为中小企业主。会员具有双重身份:作为公益组织成员,参与公益服务实践;作为中小企业经营者,追求企业的经营效益。现有会员拥有的资金、人脉、市场等资源要素,对吸引中产个体加入 X 会、由潜在"观察者"转变为正式"会员"产生重要的拉动效应。

布迪厄指出,社会资本是集体性资本,能够为加入某一社会关系网络的所有个体提供可以调配的集体性资源、带来持续性收益(Bourdieu,1986:249)。有受访者表示,加入 X 会的一个重要原因在于"发展友谊""结交人脉""寻找大客户"。加入 X 会意味着为拓展社会资本、调拨集体资源、增加合作机会、获取职业成功提供新的有效渠道。

> 有一些人觉得加入 X 会对自己做生意有好处。有的人刚刚开始创业,来到这里是为了找到大客户,因为 X 会有很多大企业家,他能够

通过参加活动或者会员介绍认识到这些人。还有一种情况是加入 B-X 来寻找婚恋对象，因为这里的人条件都不错。（F37，男，主席团成员，律师）

B-X 会强调公益服务在组织发展中的核心地位，同时也非常关心会员个体的职业发展。通过划分"公益服务"与"个人职业"的边界，允许会员在不影响 B-X 会组织运行的前提下，进行生产、经营活动的合作交流。作为运营经费、服务支出主要依靠成员提供的"内部汲取型"组织，会员的职业成功对 X 会的有效运作至关重要。

B-X 会提供的学习机会也强化了"吸聚效应"。X 会强调亲力亲为参与公益服务，"出心、出力、出席、出钱"：真诚感受公益文化、亲身参与公益服务、按时出席各种活动、依规交纳会员会费。这种"自足型"公益服务模式，不仅契合中产个体的公益参与意愿，也满足了他们提升自身能力的心理需求，有利于将作为潜在会员而存在的中产个体拉入 X 会。许多会员都把 X 会当作锻炼、提升自己的平台。

有一部分人是想到 B-X 会来锻炼自己，使自己成长。也有想来参加培训课程，进来学习的。还有想进来锻炼领导能力的，因为 X 会的每一个服务活动，我们都会任命一个执行主席，这个执行主席就负责整个活动的物资采购、来宾邀请等，这有利于提升自己的领导能力、沟通能力。（F44，女，会员，教师）

2. "包容亲和""发展成长"的组织文化与公益理念

X 会的组织文化具有强烈的包容性，在招募会员时，对职业、性格、宗教信仰等因素拥有很高宽容度——只要具备必要的经济实力、拥有参与公益服务的热情与意愿、认同中 X 的章程，都可以申请加入 X 会。"包容亲和"的组织文化为渴望长期依托于某一社会组织参与公益服务的中产个体，提供了有效的平台支撑，形成一种将"散点"分布于不同社会领域、从事不同职业的中产个体集聚到一起的独特机制。

> X 会为什么能存在 100 年（国际 X 会成立于 1917 年），因为它是一个包容的组织，如果 X 会要求特别纯粹，那么它也存在不了 100 年。但接纳归接纳，X 会也有 X 会的文化，核心就是志愿者精神。（F13，男，服务队队长，企业主）

X 会倡导"成长与发展"的公益理念。中 X 的宗旨是"正己助人，服务社会"，强调会员只有端正自身、遵守联会章程及会员守则，才能更好地帮助他人，才能在服务他人的过程中升华与完善自我、体会自身价值，与受助者实现共同成长。

> 从最初以服务他人为目的，到现在以发展自己为收获，我们不仅给受助者提供帮助，受助者也给了我们机会让我们能回报社会，让我们自身能得到成长，所以我们把受助者看作与我们平等的人，我们要真心帮助他们，让他们认识自己，看到自己的价值，也使他们成为和我们一样的人，然后去帮助别人，和我们一起做公益。其实我们应该这么去理解，我们在帮助他们的时候，他们也给了我们一个成长和心灵净化的机会。（F45，男，服务队副队长，企业主）

X 会"绝非施惠，贵在互助"的道德信条，概括出会员与受助者之间的平等角色关系。受助者接受会员为其提供的物质与精神帮助，生活境遇得到改善、心理状态得到疗愈。与此同时，会员获得扶贫济弱、回报社会的机会，在助人过程中端正自身品行、提升自我满意度、增强自我认同、升华自我价值。

（二）中产个体结社与服务意愿的推动

公益服务需要投入大量的时间、金钱和精力，中产个体选择加入 X 会与其结社与服务意愿存在密切关系。当物质财富的积累达到一定阶段后，财富数量的单纯增加带给个体的满足感逐渐减弱，呈现出"边际递减"特征。中产个体开始更加关注自身的精神世界，寻求从社会服务实践中获得提升自我的满足感。

　　强烈的慈善意愿在 B-X 会的核心领导成员身上体现得更加明显。他们的慈善动机比较聚焦，选择加入 X 会，看重的往往是 X 会在公益服务方面具有的优势。他们选择以服务社会为目标、以改善社会现状为己任，"慈善"是其生活的一部分。作为 X 会的中坚力量，他们的言行举止、思想境界对 X 会的组织生命力延续至关重要。有受访者对自己的慈善动机做了如下描述。

　　　　企业做到一定阶段了，物质基础也比较稳定了，我就想承担更大的社会责任，想为社会作贡献，所以加入了 X 会。X 会实际上给我们提供了一个平台，让我们依托一个组织长期做好事，让这些有爱心的人实现自己的梦想。(F37，男，主席团成员，律师)

　　会员在入会前普遍具有较为强烈的公益参与意愿，也愿意把自身的公益热情转化为具体行动，渴望通过组织化的稳定形式把个体性的慈善行为转化为集体性的公益服务。X 会满足了中产个体的结社需求，为团结具有公益服务意愿的中产个体、增强社会服务的力量、提高公益活动的效率、推动美好社会构建，提供了一种顺畅的行动机制。

　　有受访者认为，个体的智慧与力量汇聚在团体中才能更好地发挥出来，才能发现更多的贫困社区与弱势群体、扩大公益服务的覆盖面。X 会擅长将零散的服务活动整合成规范、合理、完备、高效的服务项目，长期做下去，以拓展公益服务深度："这些年，我自己也资助过一些孩子。X会实际上把我们这些有爱心的人汇聚到一起，这样力量就更大了，自己单打独斗只是做一个活动，在 X 会就会变成做一个项目，长期做下去，那效果是可想而知的。"(456，女，会员，企业主)

三　"共同经历"：中产个体的公益服务参与实践

（一）常态化培训：为会员注入动力

　　常态化的组织培训是 X 会运作的发动机，作为持续、系统的文化传播行动，有利于增进会员对 X 会的了解，在新、老会员之间建立密切联系，也为新会员更迅速地融入 X 会、更有效地开展公益服务提供潜在行动力的保证。

> 我们每月的 5 号、15 号、25 号都会有培训，我们称为逢"五"相约。一般来说会培训一些 X 会的文化、礼仪，让你认识 X 会、走进 X 会；还有关于如何开展社会服务、X 会如何进行公益筹款的培训；还会开展领导干部培训，教你如何开会，教你怎么使用罗伯特议事规则。它的很多课程对你的企业和个人成长都很有帮助，它不完全是 X 会内部的内容。（F15，男，理事会成员，企业主）

除发展历史、组织文化、项目运作等内容外，考虑到 B-X 会的大多数成员是中小企业主，培训还设置了管理技能方面的课程。许多受访者表示，自己从这方面的课程中受益良多，能够对自己企业的管理产生帮助。B-X 会还在组织培训中渗透中国传统道德观，灌输"取之有道"的信条，折射出 X 会对中产个体合法经营行为的期许及对会员道德品质的要求："我们的宗旨'正己助人，服务社会'中的'正己'就跟老祖宗留下的文化有关，古话说，仁义礼智信，温良恭俭让。'正己'就是要具备以上的品德，这些就是我们一直以来应该具有的品德。很多企业家来到 X 会是把老祖宗所推崇的诚信以及做人的原则重新捡起来。"（F47，男，会员，企业主）

分享也是培训的重要内容，培训讲师通常会在课程结尾分享自己在 X 会参与公益服务的经历与心路变化，引发培训对象的情感共鸣，增强 X 会的凝聚力。

> 培训有很多种，有关于领导力的培训、怎么解决矛盾冲突的培训、骨干 X 友培训、讲师培训、导师培训，针对不同的领导职位有不同的培训。有些培训是经过培训、成为讲师的 X 友自己做，这也使 X 会成为一个锻炼能力的平台。（F48，男，会员，企业主）

（二）仪式实践：强化会员的组织认同

人是悬挂在自己编织的意义之网中的动物，一个仪式就是一个充满意义的世界，一个用感性手段构造意义符号的象征体系（格尔兹，1999：5）。X 会拥有悠久的仪式文化传统。宣布会议与活动开始、环境场景布置、仪式象征物选择、仪式环节设置等方面，都充满浓厚的象征色彩，成为表达意义、强化会员个体组织认同的重要工具。

1. "鸣钟"仪式与道德信条"诵读"

在 B-X 会的会议、活动开始前，B-X 会主席、服务队队长或会议主持人，会敲击 X 会会钟，完成"鸣钟"仪式，神情庄重地宣布会议、活动正式开始；

会议、活动现场悬挂国际 X 会会徽标识、会议条幅，设置会议背景板；

B-X 会的会议与活动还常常包括一项重要的内容，即与会成员全体起立、诵读 X 会的"道德信条"。"信条"标识出 X 会希望会员具备的"勤奋""正直""自律""包容""慈悲""奉献"等理想道德品质，"诵读"这一集体仪式行为，有利于 X 会对会员输出组织文化与公益价值观。

2. 换届大会："传承"与"表彰"

X 会实行轮庄制，绝大多数重要领导职务任期为一年。每年 6 月或 7 月举行换届大会，即新一年度"中国 X 会 B 代表处办公会议成员、监督组监督专员就职典礼暨向前主任致敬大会"①。换届大会是 B-X 会最重要的仪式典礼。

（1）"交接"仪式：历史、使命与责任的传承

换届大会的核心仪式环节就是"交接"。交接前，由现任主任总结过去一年来的工作成果与感悟，对所有会员、服务队队长、现任领导团队成员、历任主任对 B-X 会发展作出的贡献，致以崇高敬意。

---

① 成立十年来，B-X 会的正式机构名称经历了变化调整，新一届领导团队就职典礼的会议名称也进行了相应的调整，同时，就职典礼的仪式环节也有所变化，比如，从 2019 年的就职典礼开始，增设了服务队新老队长交接仪式，后延续至今。

在正式"交接"环节，中 X 领导或 B 市残联领导将绶带从现任主任胸前取下，并为新任主任佩戴，见证现任主任与新任主任共同完成 X 会会钟、会锤的"交接"，这种交接，象征历史、使命与责任的传承。接下来，由新任主席带领办公会议成员、新任监督组主任带领监督专员，进行就职宣誓，对上任团队为 B-X 会发展作出的贡献表达谢意，发表新一年度工作展望。

在设置的新老队长交接仪式环节中，各服务队新任队长依次上台，与现任队长面对面站立，现任队长为新任队长揭下名牌上的"候任"飘带，预示着新任队长正式上任，两届队长深情相拥，为服务队开启新的征程。

（2）表彰嘉奖：强化组织认同

B-X 会拥有全面完善、规范严格的表彰制度，每年都会对在参与公益服务、推动 X 会发展中贡献突出的会员个人及服务队集体进行表彰嘉奖（可参照第三章对荣誉激励问题的分析）。换届大会设有表彰环节，由现任主任宣读上一年度各荣誉奖项获奖名单，并进行现场颁奖、邀请获奖者代表上台领奖。

> 今年，我自己领了个优秀服务队队长奖，我们队获得了优秀会员发展与保留奖。X 会是一个充满支持与嘉奖的地方，这种环境对人是一个很大的滋养，能够让人成长进步。嘉奖环节，让会员意识到自己做服务是有荣誉感的，所以能激励他更愿意做服务，更愿意捐钱，更愿意出时间，也更愿意出力。同时换届大会也会邀请主席、队长的亲朋好友参与，让他们的亲人了解这一年他们做了什么事情，也能带动他们的亲朋好友参与慈善。无论是区会还是服务队的换届，大家都会被主席或队长这一年的付出感动得流泪，这种流泪也是一种嘉许。（F27，女，前服务队队长，企业主）

仪式行为承载着 X 会的价值观，体现出 X 会对"积极参与，乐于付出"精神的倡导。仪式使置身其中的会员对 X 会文化、自我及群体的认同得到强化。

（三）公益服务：Ｘ会价值观的实践

B-X 会的公益服务大多围绕特定的社区开展助老、助残、助学等活动。

> 我们每年 6 月份到 7 月份有个助残活动，社区的残疾人尤其是重度残疾的人，我们带他们出去玩。我们会提前租一辆大客车，把他们带到植物园或者郊外公园或者带他们去看电影。在开展服务时，我们会分组来照顾受助者，一般一个残疾人对应两个 Ｘ 友、一个社区志愿者、一个家属，这一整天他们都在一起，包括接送、联欢、做游戏、吃饭。在整个活动过程中，我们不断地鼓励支持受助者，游戏之后我们席地而坐，开始野餐。最后的环节是分享，分享是很重要的，受助者会把他很多年没有说出来的话说出来，这对他们来说是一个疗愈的过程。我们让残疾人给他们的家属送我们提前准备的花，表达自己对家属的感谢。所以，要想服务做得好，就要站在受助者的角度，真正考虑他们的需求，而不是我们要达到什么目的。Ｘ 会的服务之所以易于传播、受众面广、积极正向，是因为它注重保护受助者的尊严。（F13，男，服务队队长，企业主）

从服务的具体形式可以看出，Ｘ 会关注受助者的精神生活，在为他们提供物质帮助的同时，也希望改善他们的精神世界。Ｘ 会的公益活动强调"鼓励""支持"，不仅帮助受助者恢复自我认知，还注重会员在助人过程中在心理方面感受到的积极触动与精神愉悦。

公益服务项目对会员的综合能力要求很高，活动的实施需要观察、统筹、策划、组织和协调能力，对会员的沟通、交流、表达能力要求也很高。参与特别是具体负责公益服务项目，能够丰富会员的阅历、增长会员的才干。

> 在不同的位置有不同的成长机会，从普通会员到骨干 Ｘ 友，到服务队副队长、队长，到区会理事，到区会副主席、主席，甚至到中国

X 会任职，也可以参选国际 X 会理事，X 会有很多让你实现理想施展才华的机会，而且在不同的位置提升的能力水平是不一样的。（F45，男，服务队副队长，企业主）

民主表决是 X 会重要的议事方式。重要的决定，包括大型服务项目确定以及会员发展等，都要经由理事会表决通过，监事会全程进行监督。

每年一次会员代表大会，选举主席、副主席和理事，大会的民主氛围很浓，通过个人的演讲和讲述工作情况，会员代表投上那宝贵的一票。通过这个会议，X 会把民主决策带到了大家身边。（F31，男，主席团成员，教育机构负责人）

四 "觉悟"与"责任"：公益服务参与对中产个体的影响

与其他公益组织相比，X 会具备鲜明的"表述型"社会组织特征，绝大多数会员都是"健谈者"。这既与 X 会运行高度依赖组织培训、强调公益文化传播有关，也与中产阶层逐步成型的群体认同迫切需要表述的"出口"有关。参与公益服务对自我评价的影响、成为"优秀公民"的修炼历程，是许多 B-X 会成员接受访谈时突出的表达"焦点"。

（一）公益服务参与对会员自我评价的影响

1. 精神世界的完善

（1）格局变大

在访谈过程中，许多会员都强调，加入 B-X 会、参与公益服务让自己的"格局"变大了，自己对人和事的包容度都得到提升。

我的格局放大了，凡事都不计较了，都能放下，都能包容，3000

名 X 友，什么样的人都有，什么样的事情都能碰到，这时候就需要你把自己的格局放大。（F49，男，会员，企业主）

以前不骂人不说话，我犯的错都是对的！后来我明白了人的脾气不改，别人都不敢接触你，就会失去很多机会。所以我现在性格好很多了，对老婆孩子也比以前好了，家庭也和睦了。（F45，男，服务队副队长，企业主）

（2）感受愉悦

在公益服务中获得积极情绪、因帮助他人而获得"愉悦"、从分享中得到"快乐"，这是 B-X 会成员在接受访谈时的核心表达主题。这些正向的情绪都源于公益服务参与的累积效应，在服务他人过程中形成良性循环，不仅影响自己，还形成辐射传递效应。

我们每个人后面也都有一个家庭一个企业，我们的变化也会带动家庭和企业的变化，你周边的人也会被你的正能量所感染。（F50，女，会员，医生）

刚大学毕业时，虽然想帮助别人，但能力有限，经过十几年的奋斗，自己具备了一定的实力，无论是物质上，还是社会资源方面，这个时候也应该把自己所拥有的东西拿出来分给别人一些，这个过程总是让我很快乐。（F51，男，会员，企业主）

（3）自我价值提升

许多受访者表示，加入 B-X 会、参与公益服务是其投身社会建设、提升自我价值的重要方式及关键性人生选择。许多受访者都将 X 会开展的社区服务，看作由点到面地改善社会现状的重要方式，从中体会到自己的社会价值。

　　我们已经在一个社区服务了三年，这个社区发生了很大改变，许多受助者的命运发生了改变，社区也新增了许多志愿者，这个社区也变得越来越温暖了。在这些年里，我感受到了自己的价值！如果我们几十年就围绕一个社区做服务，那积少成多，社会也会发生一些改变。（F13，男，服务队队长，企业主）

（4）利他意识强化

有受访者指出，在频繁参与公益服务过程中，自己的服务意识由被动转变为主动。

　　刚加入 X 会的时候，我们多次强调我们要提高自己的服务意识，时间长了，自己参与的服务也多了，慢慢就把强调服务的意识变成了一种自发的服务意识。这种服务意识还可以升华到服务 X 会这个公益组织、服务身边的人、服务我们的家庭。（F13，男，服务队队长，企业主）

X 会的公益服务还带动了参与活动的志愿者、受助者以及会员亲属自觉加入服务活动中。

　　X 会除了帮助一些需要帮助的人之外，同时也会带动更多的人来服务社会，这是 X 会一个很大的意义，也是区别于其他公益组织的地方。（F52，男，会员，企业主）

　　我认为，是受助者给了我们这个机会让我们去服务他们，并且让他们成为和我们一样能去服务别人的人。（F53，女，会员，企业主）

（5）责任意识萌生

受访者表示，以前作为商人总是考虑如何利己，现在加入 X 会后，希望自己能承担更多社会责任。

　　加入 X 会后，我的价值观发生了重大改变，从一个企业家或者说商人成长为一个公益人士，而且我这五年全职在做公益，希望自己能承担一种责任和使命。我希望通过我们的努力，让社会变得更和谐，推动社会进步，帮助更多需要帮助的人，多为各个群体服务，让社会更美好，这是我们的一个希望。（F41，男，主席团成员，企业主）

　　这种责任意识源于成员对自己身份的肯定，他们清楚地了解自己在社会资源上的优势地位，参与公益服务激发了他们的利他意愿，责任意识也由此产生。

2. 行为取向与生活方式的优化

　　在受访者谈及的公益服务收获中，行为取向与生活方式的优化，是核心话题之一。

（1）形塑自律性道德主体

　　X 会的道德信条为会员设立了高标准的道德原则，实施的公益服务项目也具备良好的德育功能，引导参与者将心比心，检讨与反思自己的不当行为，将自身形塑为自律性道德主体。

　　有时候去敬老院慰问老人时，就会想自己的爸爸妈妈也这么大年龄了，自己也应该常回家看看他们。在帮助教导别人的孩子时，又会反思自己对自己孩子的教导是否得当。（F54，女，理事会成员，企业主）

　　我会在我的车前面挂 X（会）标，挂了 X（会）标后，就不能违章，不能抛物了，我挂上 X（会）标我就得严格约束我自己了，毕竟我代表了 X 会。（F55，男，会员，企业主）

（2）个人能力的提升

　　受访者讲述了自己加入 B-X 会后的能力提升过程。作为领导会员，参与公益服务的最大收获在于影响力的提升，而影响力则源于平时的公益服务付出。

从会员到队长，再到主席，再到中国 X 会副会长，随着职位的不断变化，服务组织、服务 X 友的能力也在不断提升，我们叫非权力领导力的提升。在 X 会不是靠权力，而是靠影响力，这种影响力源于付出，源于对 X 会宗旨的理解，源于对公益事业的奉献，这样的话 X 友们看到才更愿意跟随你。我们身体力行来践行 X 会的章程，是因为你要让别人做，首先自己要带头做好。（F31，男，主席团成员，教育机构负责人）

（3）健康生活方式的养成

公益服务占据会员大量的时间，使他们可以以此为理由拒绝很多不必要的邀请与应酬，这为会员生活方式的改变提供了客观条件。大部分会员认为 X 会为他们带来简约的生活、健康的生活方式，具体体现在：促进健康饮食、降低娱乐频率、营造健康的人际关系。

以前有钱会想到享受生活、吃喝玩乐，现在就愿意用来做公益。过去我们太讲究吃，饭局也很多，现在加入 X 会后减少了不必要的饭局，也开始关注自身的健康了。我们也号召我们的会员尽量生活得简单些，从这就能看出我的生活方式和思想跟以前比发生了巨大的变化。这能让自己的生活安静下来，有所为，有所不为。（F31，男，主席团成员，教育机构负责人）

（二）"优秀公民"的"修炼"历程

个体在公益服务中，逐渐生成契合 X 会价值观的共同特质。这些特质体现在情绪感觉、性格意识、行为能力及生活方式等多个方面，是"积极、自律、包容、不断进步、积极参与、乐于付出"理念的具体表现。

在访谈过程中，许多会员将拥有这些特质的人称为"优秀公民"。他们希望通过积极的公益服务成为"优秀公民"。为了让自己符合"优秀公民"的标准，他们主动做出改变。"修炼"是接受访谈的会员经常使用的

"原发性"话语，成为"优秀公民"是会员个体不断"修炼"的过程。"优秀公民"是会员们认可的共同身份，是彼此认同的前提。会员基于"优秀公民"的身份认同而成型的群体认同，高度依赖"公益服务"这一独特的"修炼"方式，需要经历内化、自我认同和群体认同等三个阶段。

"修炼"成"优秀公民"离不开对 X 会的价值观念的认同，并在不断的公益服务中使其成为自己的惯习与特质。"优秀公民"共同特质的生成过程，其实就是 X 会价值观的内化过程，即会员个体在公益服务参与过程中，将 X 会的公益理念、价值观、道德标准转化为个体性惯习——独特的性情系统与行为倾向，"优秀公民"的身份也实现了从外部"规训"约束到内部自主"实践"的过程。

> 加入 X 会后，我现在每天都在反省自己，做错了什么事，说错了什么话，过去可能很少这样做。我们总是让别人去了解自己，但其实我们自己都不了解自己，所以首先我们要了解最真实的自己。X 会里很多人都在修炼自己，我的某一个行为可能使我无法成为一个"优秀公民"，我自己就要有意识地去改善。（F56，女，理事会成员，企业主）

"优秀公民"身份是会员的主动选择与主观建构，能够在其成长过程中形成持续性积极影响，帮助他们不断反思自我、优化自我，强化稳定的自我认同。会员竭尽可能地在公益服务中严格要求自己、倾力付出，让自己离"优秀公民"的标准更近一步，彼此监督、共同进步。

> 通过身边人对我的影响去完善自己，然后大家一起进步。X 会实际上倡导让更多的人成为"好人"，"好人"的概念很宽泛，但起码要做受人尊敬的事。X 会是一群"好人"以及想成为"好人"的人在一起做好事。（F56，女，理事会成员，企业主）

价值观内化和自我认同停留在个体的层面上，群体认同的形成则需要群体共同完成。受访者认为，X 会由一群"好人"和"想成为'好人'的人"组成。会员承认自己和同伴具有共同的特质,承认会员这一群体与其他群体的差别。借助公益服务,经过价值观内化、自我认同和对其他会员的认同,秉承"优秀公民"信念的会员个体,完成由"个体"向"群体"的跨越,"群体认同"由此形成。

五 公益服务:中产阶层认同的形成机制问题

(一)公益服务:当代中产阶层认同形成的客观经历

从人口分布看,当代中国的中产个体来源多样,在从事职业、经济利益诉求、生活方式、文化程度等方面存在差异,其经济利益诉求异质性较大。此外,社会角色和价值取向的多元化,中产个体作为"橄榄型社会"的中坚力量在经济状况、社会地位和生活方式等方面占据的相对有利地位,使其在社会行动参与、政治观念表达等方面更多展现出克制、稳健、保守、含蓄的特征。上述事实表明,仅仅从经济维度、政治维度探讨当代中国中产阶层认同形成的路径,存在视角的盲点。

因此,恰如前文所析,以公益服务"经历"为核心探讨中产阶层认同的形成,具有启发意义。支撑 X 会会员形成整体性"内聚力"的是他们对自身所处阶层的主观认同。公益服务的"共同经历"使中产个体由"散点分布"走到一起,激发了他们的意识"觉悟",使他们产生"中产阶层"的自我认同,认可并履行自己在社会建设中应当承担的"阶层责任"。

(二)阶层责任与阶层认同

"阶层责任"指阶层的社会责任,是阶层认同的高度与深度发展,是超越本阶层、参与和维护社会整体利益的利他主义社会使命意识(沈瑞英,2007)。在访谈中,"阶层责任"是受访者谈论的重要核心话题。

> 越成功就越应该对社会有回报,多做一些对社会有意义的事情,因为你的成功与社会的支持是分不开的。(F57,男,会员,企业主)

无论成功与否都要承担社会责任，并且每个人对成功的界定和理解也不同，承担社会责任与成功无关，与能力有关，能力大就多承担，能力小就少承担一些。（F50，女，会员，医生）

这种利他意识和社会使命意识是会员的共识，也是他们认可的"阶层责任"的基础。

在 B-X 会流传这样一句话：大企业家都是大慈善家。许多受访者都将公益服务与企业发展联系起来，从"利他意识"解读自己作为企业家的合格程度，合格的企业家才能为企业带来更多的财富。这种"责任观"建立在中产个体渴望"自我完善""自我发展"的基础上，在中产个体的内心深处牢牢扎根。

做企业一定要利他，所以我在任何场合都鼓励我们会员要有利他之心，要感恩社会、服务社会。一个光考虑自己，不考虑员工和社会的老板，格局太小，企业也做不大。大的企业家一定有大的情怀。所以你看真正的大的企业一定是在做公益的，有的还设有这样的部门。所以我们 X 会还有一个使命，就是动员多数企业参与到慈善中来。（F41，男，主席团成员，企业主）

很多时候，人到一定阶段，就开始追求有价值的东西了，不只是金钱了。自我价值的实现不光是金钱的东西，更多的是一种精神层面的东西。（F27，女，前服务队队长，企业主）

受访者 15、51 认为，作为在当代中国社会"承上启下"的社会群体，中产阶层具有促进社会和谐、维护社会稳定、推动社会建设的重要功能。这样的功能认知激发了他们的"责任意识"，也推动着中产个体之间"团结""行动"意愿的实现。共同的"阶层责任"意识，促使 X 会会员形成自我认同的"中产个体"。"中产""责任"的自我认知，将"中产个体"凝聚、形塑成具有共同的社会态度和行为偏好的"中产阶层"。

中产阶层这一群体越庞大越好，它是促进社会和谐稳定的重要因素。中产阶层的壮大对 X 会以及其他公益组织也是有好处的，加入 X 会的这些中产个体实际上对社会怀着一个美好的心愿，即希望社会越来越美好。（F15，男，理事会成员，企业主）

X 会最难能可贵的是培养了中产阶层的公益之心和社会责任感，中产阶层在社会中是一个"承上启下"的群体，对促进社会发展具有重要作用，当中产阶层都具备这些的时候，它对于促进社会和谐具有很大的作用，X 会更多的是唤醒中产阶层的服务意识。（F51，男，会员，企业主）

（三）公益服务与中产阶层认同的形成机制探析

对 B-X 会的个案研究及与代表性会员的访谈，揭示出当代中国中产阶层认同形成的一种独特机制，"共同经历""群体意识""阶层责任""主观认同"是这一链条的几个关键环节。

第一，会员在组织培训、象征仪式、公益服务中吸收 X 会的价值观念，逐步强化对 X 会的价值认同。

第二，在公益服务实践中，主动改变自己，力争使"个人特质"逐渐与其他组织成员的"共同特质"相契合。

第三，长期参与公益服务，使个体之间的同质性越来越强，X 会组织成员之间的认同感也越来越强，"群体意识"逐步形成。

第四，会员们开始寻找共同的"身份"，把在公益服务中培养起来的"责任观"与自身相对于其他群体的独特身份联系起来，萌生出越来越清晰的"阶层责任"意识。

第五，个体自发、主动地认可"中产阶层"的归属，标志着群体意义上的"中产阶层认同"逐步形成。

第六，中产阶层认同的主观形成为其加入 B-X 会、参与公益服务，提供了后续的持久驱动力，公益组织、中产阶层在社会建设中的主体角色得以凸显。

　　公益服务参与中的中产阶层认同的形成机制，可用图6-1进行展示。

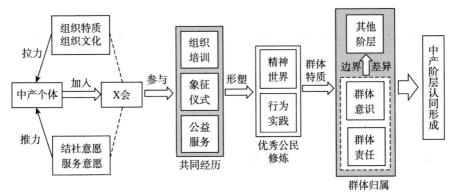

图6-1　公益服务参与中的中产阶层认同的形成机制

六　公益服务参与及中产阶层认同形成机制的研究发现

　　本研究以 B-X 会为个案，对当代中国中产阶层认同的一种形成路径进行了考察，重点探讨了"公益服务参与"这一"非经济""非政治"因素在阶层认同形成中的作用，同时对吸纳中产阶层参与当代中国社会建设的可行性进行思考。在此基础上，作出如下研究论断。

　　第一，加入公益组织、参与公益服务有利于汇聚中产个体的社会行动意愿，经由"共同经历""群体意识""阶层责任""主观认同"的过程，群体意义上的"中产阶层认同"得以形成。

　　第二，阶层认同的形成，意味着中产阶层成为自为的社会存在，以其为主体的公益组织在公益服务效能、社会行动能力等方面，得以获得充足的人力保障与丰富的资源支撑。

　　第三，公益组织在当代中国社会建设中占据越来越重要的地位，公益服务为吸纳中产阶层参与社会建设提供了重要途径。

　　第四，为中产阶层加入公益组织、参与公益服务创造良好的政策环境、法治环境与舆论氛围，是推进社会治理体系创新及中国式现代化建设的客观需要与重要工作。

结语　社会建设与中产阶层的公益组织参与

一　"国家与社会"关系演进：社会建设的新时代语境

针对当代中国的"国家与社会"关系，存在两种常见的观点倾向：一种观点强调国家对社会生活、社会空间的总体性主导，关注"社会"的从属性，认为"社会"的发展从根本上取决于"国家"政策法规为其提供的生存环境；另一种观点强调"社会"与"国家"的差异，特别是"社会"在筹集资源、增进福祉、创新治理等方面相对于"国家"而展现出来的灵活自主性。两种观点针锋相对、各有侧重。然而，需要看到的是，在当代中国，"国家与社会"的关系既包含重要的理论意涵，更展现出新中国成立后中国式现代化建设探索历程的经验性事实。更值得注意的是，"国家与社会"关系的演进在目前呈现出特定的趋向，形塑着中国社会治理与社会建设的新时代语境。

（一）改革开放后"国家与社会"关系演进的总体趋势

改革开放后，原有的"强国家-弱社会"格局松动，个体、群体与各社会阶层的生存空间得以扩大，面临新的发展机遇，各类社会团体及社会组织发展迅速，成为与国家、政府存在差异的社会资源与社会服务的重要提供者。"国家与社会"的关系呈现出"社会"自主性相对强化的趋向，这种趋向因 1992 年开启的深化社会主义市场经济体制改革而进一步显现。尽管如此，国家对"国家与社会"关系的主导性底色并未在根本上改变。步入 21 世纪，解决与经济高速增长相伴而生的各类社会问题的压力、创建和谐社会的要求、全面建成小康社会的战略部署，使加强国家宏观调控逐步重新回归"国家与社会"关系的主色。党的十九大报告重申社会治理体系及治理能力现代化"党委领导、政府负责"的基本原则，党的二十大报告强调中国式现代化是中国共产党领导的现代化，进一步重申新时代语境下"国家与社会"关系演进中国家宏观调控的主导性角色。

（二）"社会"发展：响应国家宏观调控实践

在当代中国的"国家与社会"关系调整中，"社会"自主性空间的强化拓展、国家宏观主导性调控的延续与重申，一体两面、密不可分。尽管不同群体与社会阶层存在利益关注点的差异、在国家政策制定中的诉求表达能力有高有低，但是包括绝大多数社会团体、社会组织在内的"社会"构件，都对自身的运作与发展、国家权力的运行与实践拥有清醒的边界意识，对党和国家在中国式现代化建设、社会治理体系创新实践中的领导核心地位、宏观调控角色，表现出高度的认可与支持。对大多数社会团体、社会组织等"社会"构件而言，顺应国家宏观调控、支持与呼应国家主导的社会治理体系与治理能力创新实践、积极参与社会建设、为自身的生存及发展拓展更大空间，是一种理性的行动选择。

（三）"国家与社会"关系视角下的社会建设参与

"国家与社会"关系的演进，形塑新时代社会建设的独特语境。个体、群体、社会团体、社会组织等"社会"构件生存、运行与发展相对自主性的强化，为其作为独立行动主体参与社会建设提供了前提条件。在社会治理体系创新、中国式现代化建设中，国家宏观调控主导性的重申与强化，为其通过政策制度、法律法规与工作机制的顶层设计，有针对性地推动社会建设，提供了有力支撑及明确的政治方向。

在新时代"国家与社会"关系框架下，党委领导、政府主导的宏观语境，社会管理柔性化，社会组织运行的前台化及自主化，为将静默化、原子化的个体、群体与社会阶层吸聚到公益服务及社会建设实践中提供了可能性。借助国家掌控的政策、物质、资金及信用资源，个体、群体与社会阶层等"行动"主体，社会团体、社会机构与社会组织等"社会"构件，也拥有了更加顺畅、多元的社会动员渠道及社会建设参与路径，能够针对民众急需、政府无暇顾及的差异性需求，提供更具有针对性的社会服务。由此，"国家与社会"关系的动态调整超越了此消彼长的博弈思维，新时代语境下，国家与社会"资源共享""优势互补"的社会建设新格局得以形成。

二 当代中国的社会建设主体与民众参与途径

（一）当代中国的社会建设主体

在当代中国，政府、社会与民众作为社会建设的三大主体，履行不同的角色、发挥不同的功能。提供公益服务、增进社会福祉是社会建设的重要内容之一，也是国家、社会与民众展开互动的重要实践场域。

1. 政府

在社会建设中，党委和政府承担着宏观机制架构设计、政策制度法规制定实施、政治方向约束引导、公共福利保障兜底、社会管理统筹调控的重要角色，是社会建设中最重要的责任性、规范性主体，也是社会建设的核心领导力量。

2. 社会

作为与政府、市场不同的第三类服务供给者，社会团体、社会机构与社会组织等"社会"构件，通过开展服务项目、供给公益服务等方式，既有利于对市场供给的逐利属性、政府供给的结构刚性形成补充，也有利于通过其在社会建设中的中介作用，为民众参与社会建设实践提供了行动空间。

3. 民众

民众既是社会建设事业的直接受益者，也是社会建设的多元微观行动主体。通过加入社会团体、社会组织，通过参与各类社会建设计划、项目、工程与活动，个体、群体与社会阶层为保证新时代社会建设的落地生根提供了坚实保障。

（二）民众的社会建设参与途径

在中国式现代化建设中，相对于民众对增进社会福祉、参与社会建设表现出的关心与兴趣，社会建设的参与形式与参与途径成为不容忽视的瓶颈。在公益服务、社会福利这一具体场域内，民众的社会建设参与途径主要包括社区事务参与、分散性志愿服务参与、社会组织中的参与等类型。

1. 社区事务参与

社区是当代中国社会治理的"神经末梢"，是社会公益、社会福利得以汇集的基层场域，为民众的社会建设参与提供了微观空间。民众对社区事务的参与往往以街道、社区的具体社会服务实践为依托，参与社区公益活动及社区组织建设，具有社会治理延伸的隐性政治底色，参与内容的依附性相对较强，参与形式的单一性突出，参与时空的在地性约束明显，公益服务的专业性也相对有限。

2. 分散性志愿服务参与

与社区事务参与相比，志愿性社会服务作为民众社会建设参与的形式之一，为个体的差异性公益服务意愿达成提供了灵活便利的途径。个体性的志愿服务常常以参与社会团体、社会机构及社会组织举办的公益活动、公益项目为依托，但在社会建设参与的主动性、组织性与持续性方面，具有较为明显的自发性、零散性与偶然性特征。尽管如此，分散性志愿服务参与为民众加入社会组织、系统参与社会建设提供了切入点与后续的可能性。

3. 社会组织中的参与

社会组织是社会建设的核心"社会"构件之一，加入公益组织也为民众参与社会建设提供了另一种途径。以公益组织为依托的社会建设民众参与，与民众的社区事务参与、分散性志愿服务参与相比，在实践内涵与实践形式等方面常常存在重合之处，但也具有得天独厚的自身优势。公益组织大都具有完善的组织架构、明确的组织文化、系统的服务项目，能够为参与社会建设、丰富公共服务、增进社会福祉提供稳定持久的实践平台，是个体、群体在社会建设中与国家、政府互动的中介，这种由微观、中观到宏观的连接与跨越，成为当代中国"社会"生成的重要机制性因素。

三 "开放吸纳"型社会建设参与模式

中国式现代化是中国共产党领导的现代化，党和政府在中国式现代化建设中表现出宏观主导性与深度在场性的特征。作为"五大建设"之一，与"政治""经济""文化""生态文明"等建设维度相比，"社会建设"与民众具有更加细微具体的利益关联，民众基础广泛深厚，社会建设模式的宏观架构与选择，必须坚持开放性而非封闭性、吸纳性而非排斥性的原则，为民众参与社会建设提供稳定顺畅的制度保障与路径支撑。

（一）公益服务视角下政府的社会建设角色定位

在当代中国的社会建设中，以社会公益、社会福利供给为核心领域，考察不同社会建设主体的互动，侧重公益组织作用发挥的条件保障，可以将"政府"角色的功能定位概括为管理者、供给者与协调者等三个方面。

1. 公益事业管理者

政府是相关政策制度法规的制定者与监督管理者，既形塑公益组织发展的政策环境与生存空间，也为公益组织社会建设主体作用的发挥划定边界与红线。公益组织与公益服务需要在党和政府确立的政策制度、法律法规的范围内合法合规行事，这是社会治理体系现代化建设"党委领导""政府负责""社会协同""法治保障"的根本政治规定性所着力强调的。

2. 公益服务供给者

各级政府主管部门通过创办与设立康复院、养老院、儿童福利院等机构，支持与领导残联、妇联、各类基金会等群团组织及社会组织发展，派驻领导人员、聘用工作人员，持续提供人力、物力与财力，在康复、敬老、助残、助学等领域直接实施或扶助各类公益服务项目。政府的供给者角色还表现在，政府通过社会服务购买的方式，向社会机构、公益组织拨付社会公益、社会服务项目开展资金，给予税收及政策上的优惠与扶持。

3. 公益发展协调者

当代中国的资源配置主体主要包括政府、市场与社会。社会公益与社会福利的资源供给与项目实施，既与当代中国资源配置方式的差异性密切相关，也与"政府""民众""社会"等社会建设主体的角色定位不同息息相关，公益服务这一独特场域，为社会治理与社会建设的实施带来多元性张力和错位的潜在可能性。在这种情况下，政府部门对市场机制的纠偏与调控、对社会组织发展的支持与引导、对民众参与的鼓励与保障等作用扭结在一起，政府作为"宏观协调者"，在社会建设中发挥着重要的桥接、引导与调控作用。

（二）公益组织在社会建设中的角色定位

在当代中国的社会建设中，相对于政府部门的公益事业管理者、公益服务供给者、公益发展协调者的角色，公益组织拥有自身的独特优势，形成了公益服务供给者、公益参与吸纳者、政府责任分担者等角色定位，对政府的功能角色形成重要的补充与补位。

1. 公益服务供给者

相对于政府部门在推进公共事业时具体实施人员紧缺、公益资源分配约束性强、个性化公益服务有限等现实，公益组织的人员补给相对灵活、公益资源筹集渠道相对多样、公益服务项目实施自主性强，这都为公益组织面向公众需求开展形式多样、针对性强的公益服务，推动公益服务项目"落地"，提供了较为充足的保障，公益组织已成为我国公益服务的重要供给者。

2. 公益参与吸纳者

面对新时代公众的公益服务参与需求，公益组织通过发挥自身在会员招募、服务项目实施、服务触角延伸等方面的优势，通过与政府部门、基层社区的密切合作，促进政治资源、经济资源、社会资源、文化资源的良好整合，为民众参与公益服务提供便捷的渠道，有助于实现由民众的"原子化"社会公益向"有组织性"社会公益的升级，在这过程中，公益组织扮演着公益参与吸纳者的角色。

3. 政府责任分担者

面对政府资源相对有限、具体工作人员不足、宏观政策架构与微观需求满足存在差异的客观情况，社会组织的发展壮大、公益组织多元化社会服务开展及其在基层社会治理、宏观社会建设实施中的延伸拓展，有助于提供个性化社会服务、增进民众福祉、调解社区纠纷、缓和潜在社会矛盾及社会冲突，从而对政府在当代中国社会建设中领导者角色的责任压力形成辅助性分担。

（三）政府与公益组织多元关系的理想类型分析

正如本书对 B-X 会公益服务实践的分析所示，在当代中国的社会建设中，政府与公益组织之间存在密切互动。借鉴韦伯"理想类型"的方法论策略，根据侧重点的差异，可以将这种复杂多元的关系，概括为"监督管理""比较竞争""协调合作"等三个维度。需要注意的是，在具体的社会建设实践中，这三种关系不是完全相斥而是交叉共生的，共同形塑政府与公益组织的现实互动。

1. 监督管理关系

在当代中国的社会治理与社会建设实践中，党和政府对公益组织已经形成系统完善的监督管理机制体系。民政部门对公益组织登记注册进行准入把关，公益组织向登记机关、业务主管部门报送工作报告和财务会计报告，各级党委社会工作部、"两新"党工委、社会组织综合党委统筹指导社会组织党建工作，党组织建设在公益组织中实现全覆盖等，都是党和政府对公益组织实施监督管理的常规方式。此外，政府部门对公益组织进行评估分级，对公益组织确立社会公信力、筹集社会资源、实施公益服务也具有重要的指挥棒作用，成为对公益组织进行监管的另一重要抓手。

在当代中国的社会治理体系现代化构想中，"党委领导、政府负责、社会协同、公众参与"的基本次序，形塑了政府与公益组织"监督管理关系"的政治语境。

2. 比较竞争关系

在当代中国的社会建设中，政府部门、公益组织都是社会公益、社会服务的重要供给者，通过政府工作与项目工程落实、慈善资源募集与公益服务项目开展等方式，在不同层面增进社会福祉、满足人民群众的美好生活需求。尽管从社会治理体系宏观架构角度看，政府与公益组织存在监督管理关系，但在现有治理框架下，公益组织的运行及公益服务的实施都具有较高程度的自主性。

就公益服务的供给与实施而言，政府部门与公益组织在服务内容、服务范围等方面存在一定重合。因此，普通民众对分别由政府主导实施、由公益组织主导实施的公益服务项目进行质量比较，具备合理性与现实性。相对来说，政府在当代中国社会建设与社会治理中的主导地位以及中国政治传统中民众对政府责任的高度期待，使政府部门在提供公益服务、实施公益服务项目时，面对民众对政府与公益组织进行比较时采取的更加严苛的评价标准，承受着更加全面的压力。

3. 协调合作关系

前文研究表明，在当代中国的社会建设中，政府与公益组织的关系形态是经验性的实践问题，而不是僵化的规定性问题。协调合作关系是政府与公益组织形成的另一种理想类型关系。在政府部门人力物力财力相对有限、侧重于提供普遍性兜底性社会公益与社会福利的前提下，公益组织可以发挥自身优势，提供更具针对性、更加个性化的公益服务，以缓解政府压力，补充政府主导的社会建设事业服务供给。

与此同时，与政府部门开展密切合作，也有利于公益组织在政策支持引导、资源筹措支撑、社会公信力建设等方面获得政府部门的积极扶助，为实现组织目标、推进组织发展创造良好的外部环境。

（四）"开放吸纳"型社会建设参与模式建构

"监督管理""比较竞争""协调合作"是政府与公益组织在公益服务、社会福利场域互动所形成的三种理想类型关系，但在具体的社会建设实践中，这三种关系相互伴生、紧密结合。

在中国共产党对创新社会治理体系、推进中国式现代化建设的领导核心地位成为政府治理、学术探究的实践与理论前提下，"监督管理"前置的政府在"政社关系"中的主导意涵得到明确强化,隐性"比较竞争"的存在增强了政府部门对公益组织社会服务绩效的关注度,与此相比,"协调合作"的平等性关系在部分政府部门形塑与公益组织关系的实践考量中,相对处于次属地位。

面对政府与公益组织之间形成的"监督管理"—"比较竞争"—"协调合作"的实践关系序列,构建"开放吸纳"型社会建设参与模式,具有充分的必要性与强烈的迫切性。

"开放"意味着社会建设不是专属于政府的单一事务,民众、社会组织不是政府主导社会建设进程的被动承受者与消极配合者,政府在主导社会建设的实践中,在开展社会服务的资质准入、提供社会服务配套资源扶持等方面,要公平公正地向个体、群体与社会组织开放;"吸纳"意味着作为社会建设顶层架构的设计者,政府在政策制定、机制保障、工作实施等方面,要积极主动地为个体、群体及社会组织参与社会建设创造与提供完善高效、顺畅便利的渠道。

"开放吸纳"型社会建设参与模式是保证中国式现代化及新时代社会建设人民性的重要原则,而民众的社会建设参与渠道架构成为解决这一问题的关键所在,参与公益组织为此提供了有效的切入点与化解症结的钥匙,这也是本书研究将考察对象聚焦在中产阶层身上的重要原因。

四 公益服务与公益组织:中产阶层的社会建设参与实践

(一)共同经历与中产阶层的形成

如果说当代中国存在中产群体,学界不会存在异议。无论是从收入、职业、教育程度,还是从个体自我判断的角度看,特别是借助社会学、人口学等统计技术手段,都可以从学理意义上将某些个体归入"中产",从而在整体上建构出"中产"这一特殊社会群体。然而,这一群体的实际存在状态、行为实践到底是什么样的?被归入"中产"群体的个体之间是否存在相对稳定的联结方式?学界的关注相对少一些。在本书看来,个体事实、人口统计意义上建构而成的"中产"群体、社会意识调查识别出的"中产"群体，并不是完全意义上的"中产阶层"。除满足"中产"群体界定的客观、主观标准外，在稳定的社会关联、共同的社会经历中形成整体性的独特阶层认同，是中产阶层的核心特质之一。

从这一角度看，当代中国的"中产阶层"的形成不是既定的社会群体事实，而是特定场域中彼此之间的关联及互动，对其共同的客观利益、社会经历、主观意识产生共鸣及共识性解释，并将自己与其他社会阶层区别与联系起来的形成过程，是"中产"个体从社会背景中"浮现"、"集聚"与"走向前台"的结果。因此，在当代中国，特别是在中国式现代化建设与探索过程中，对"成为'中产阶层'"或者说"'中产阶层'的'形成'过程"进行研究，具有重要意义。

（二）中产阶层的出场：经济生产、政治参与及社会建设

在当代中国，"中产"阶层的出场空间主要包括经济生产场域、政治协商场域与社会建设场域。

在经济生产场域，中产阶层的出场以从事日常职业活动、谋求经济利益为主要表现形式。在这一场域，政策、法律、法规是国家及政府实施宏观调控的主要方式，国家与中产阶层的关系体现出新时代中国特色社会主义政治经济学对市场逻辑、资本衍生性、财富分化趋向的驾驭，体现出国家对政治稳定、经济安全、社会公平的坚守与把控。

而在政治协商场域中，中产阶层的参与主要体现为，与其在生产经营和日常职业上的成功及影响力相对应，国家通过民主党派、工商联、人大、政协系统的政治平台与政治安排，畅通渠道，为中产阶层的优秀代表参政议政提供舞台。在当代中国的政治语境下，中产阶层在关切政治、经济、法律、社会政策制度出台对自己的权益与职业发展产生影响的同时，也对党和国家在社会治理中的领导地位表现出总体性的高度拥护认可。

相对于中产阶层在经济生产场域、政治协商场域中的活动与国家的政治、经济安全高度相关，在社会建设场域，社会建设实践的经济相关性、政治属性相对较弱，国家与政府对中产阶层的社会参与相对宽松。另外，

以公益服务及公益组织为媒介，社会建设参与为"中产"个体提供了经济生产场域、政治协商场域所不具备的集聚效应与社会链接。由此，以公益组织为中介的社会建设参与，成为"中产"个体形成阶层认同、标定阶层边界、生成阶层行动力的重要方式，使中产阶层、公益组织、公益服务在社会建设中得以"相遇"。

（三）公益服务实践与中产阶层的社会建设参与

本书前几章研究表明，"公益服务参与"这一"非经济""非政治"因素为人口、社会统计意义上的"中产"个体最终形成以社会责任感为激励、以阶层认同为引导、以社会行动力为支撑的中产"阶层"，提供了实践场域与生成路径。与此同时，也为吸纳中产阶层参与当代中国的社会建设提供了机遇与可行性，为构建"开放吸纳"型社会建设参与模式，提供了有力的支撑。

第一，加入公益组织、参与公益服务实践，为汇聚在人口中"散点"分布的"中产"个体、促发群体"觉悟"、形成"阶层责任感"、稳固"阶层认同"，提供了现实性生成场域。

第二，与较受关注的中产阶层的"经济形成""政治形成"相比，面对中国共产党核心领导作用的强化及中国式现代化建设、新时代社会治理体系创新的独特语境，经由"公益服务参与"的中产阶层"主观形成"的路径，具有更切实的现实意义与研究价值。

第三，加入公益组织、参与公益服务，满足了"中产"个体的结社与服务意愿，实现了由个体到群体、由意愿到行动的跨越，借助公益服务实践这一特定形式，中产阶层由"后台"走向"前台"，具备了有组织的社会行动力。

第四，以公益组织为中介、以公益服务参与为依托，中产阶层已成为构建"开放吸纳"型社会建设机制、完善"共建共治共享的社会治理制度"的重要主体构件，具有整体性行动能力的中产阶层在分担政府责任、助力社会建设的同时，也对新时代的社会群体、社会阶层治理提出了新的要求与挑战。

附录1 公益组织服务质量提升的
社会工作介入研究

一 研究问题、研究视角与研究方法

（一）公益组织的服务质量问题

近年来，公益组织在社会治理与社会建设过程中发挥着重要作用，而提升其社会服务质量，已成为推动其进一步发展的重要因素。

目前，由于缺乏系统的公益理论指导与专业服务技能支撑，部分公益组织面临服务能力有限、服务质量不高等问题的困扰，越来越无法满足公众对社会服务的精准化、个性化需求（兰旭凌，2023；倪咸林，2023；许鹿、钟清泉，2015；杨小京，2019）。由此，借鉴社会工作学科"助人自助"的服务理念，引入现代社会工作的专业化理论及实务技巧，通过社会工作介入激发公益组织的内生活力，推动公益组织的社会服务质量提升，是十分值得探索的实践问题（刘威，2018；徐道稳，2022；陶玉莹，2021；李文静，2023）。

当代中国的公益组织存在哪些服务质量问题？社会工作的介入能否有效提升公益组织的服务质量？如何优化社会工作的介入实践，最大限度地实现服务质量的效能提升？以上述问题为牵引，本研究尝试以 B-X 会为个案，考察公益组织服务质量提升的社会工作介入实践，借助专业化的社会工作价值理念与技术支撑，解决公益组织开展社会服务活动时可能面临的问题，协助公益组织提升服务品质。

自成立以来，B-X 会逐渐形成特有的运行模式，实施的公益服务项目受到社会各界的广泛认可，为区域社会建设作出重要贡献。然而，B-X 会的公益服务在服务理念、服务技巧与服务水平方面也存在规范性与专业性的提升空间，这为社会工作的介入提供了良好机遇。

（二）研究视角

1. 增权理论

增权，指给予弱势个体与群体以权力。在现实生活中，社会底层或边缘人群通常无权也无力保障自身权益，要改变现状就必须对权力进行重新分割。本研究将根据 X 会服务对象的特征、社会融入情况，通过个体辅导与小组活动的方法，在个体、人际关系与社会参与等三个方面对其进行针对性增权。

2. 社会支持理论

社会支持理论强调，个体构建的社会支持网络的强度与其在不同环境中应对各种挑战的能力成正比。在本研究中，社工将通过小组活动的介入形式，在帮助组员建立互敬互赏、互容互爱人际关系的基础上，建立积极正向的非正式性社会支持网络。通过协助服务对象扩展其社会支持网络，对服务对象的社会资源和社会资本进行适当补偿，提高其社会适应能力。

3. SERVQUAL 模型测量

SERVQUAL 模型是一种运用广泛的服务质量测量模型，其信度与效度都表现出较高的客观性与可操作性，涵盖有形性、可靠性、响应性、保证性和移情性等五个维度。基于 SERVQUAL 模型，本研究构建了一套服务质量评价指标和测评方法，对服务对象的服务质量期望值和实际感受值进行测量评估，计算二者差异，加权平均获取 B-X 会公益服务质量的总体状况。

（三）研究方法

其一，问卷法。研究初始，设计调查问卷，进行 B-X 会公益服务质量满意度、公益服务质量评价 SERVQUAL 模型调查。在 B-X 会秘书处协助下，面向服务对象发放问卷 80 份，回收 77 份，其中有效问卷 73 份。在完成社会工作实务介入 B-X 会服务质量提升的收尾阶段，向 67 名参与过社工介入小组活动的人员发放问卷，进行社工满意度调查；向部分服务对象发放问卷，再次进行公益服务质量评价 SERVQUAL 模型调查，将两次调查得到的各评价维度得分进行对比分析，考察社会工作介入服务质量提升的实际效果。

其二，访谈法。在 B-X 会秘书处帮助下，采用滚雪球方法，确定 10 名 B-X 会成员、10 名服务对象作为访谈对象，根据设计好的访谈提纲，进行深度访谈，收集访谈对象视角下 B-X 会公益服务现状及存在的问题、社会工作介入对公益服务质量提升的作用等方面的信息，与问卷调查收集到的数据与信息进行对照。

其三，观察法。研究者通过在 B-X 会秘书处实习，对 B-X 会的典型服务项目及服务活动的开展流程形成较为清晰的认识，累计参与 B-X 会各类活动 20 次，其中包括 4 次培训、4 次例会、8 次公益服务。对 B-X 会的日常运行与所开展的公益服务进行观察、记录，对 B-X 会的公益服务及服务质量现状形成直观认识，为社会工作介入公益服务质量提升的实务探索明确方向、提供思路。

二 B-X 会的公益服务概况及社会工作介入

（一） B-X 会的公益服务概况

截至 2023 年 3 月，B-X 会共拥有 17 个协作区、102 支服务队、2814 名会员，会员多数为中小企业主，也包括律师、教师和医生等小部分专业技术人员。X 会的运行模式是自行承担运行经费、服务开销，鼓励会员以"出心、出力、出席、出钱"的方式参与公益服务。

B-X 会每年在 A 省的 B 市、Q 市、D 市、M 市、J 市等多个地区开展公益服务，服务范围广泛，涵盖社区、助残、医疗卫生、青少年、重大灾害、环保、其他服务等领域。

（二） B-X 会的服务质量现状及面临的挑战

1. B-X 会的服务质量现状

本研究通过问卷及访谈的方法对 B-X 会的服务质量现状进行了摸底调查。向服务对象发放问卷 80 份，收回 77 份，其中 73 份有效。B-X 会的公益服务普遍得到服务对象的积极评价，79.4% 的人对服务"非常满意"，19.2%的人对服务表示"满意"。服务对象对 B-X 会人员的服务积极性与服务途径多样化"非常满意"的比例分别高达 82.2% 和 80.8%（见表附 1-1）。

表附 1-1　B-X 会服务质量的满意度

问题	非常满意	满意	一般	不满意	非常不满意
B-X 会了解地区状况，服务效率高	76.7%	15.1%	8.2%	0%	0%
B-X 会专业技能扎实，服务效果好	71.2%	21.9%	5.5%	1.4%	0%
B-X 会服务途径多样化	80.8%	15.1%	4.1%	0%	0%
我对 B-X 会人员的服务积极性的满意度	82.2%	15.1%	2.7%	0%	0%
我对 B-X 会服务的整体满意度	79.4%	19.2%	1.4%	0%	0%

进而，在服务对象对 B-X 会服务整体满意的基础上，利用 SERVQUAL 模型，从服务质量的有形性、可靠性、响应性、保证性、移情性等五个维度，进行更详细的问卷调查，由 1~5 进行赋分评价，加总计算平均数，获取服务对象对 B-X 会服务质量各维度评价的具体得分，如表附 1-2 所示。

表附 1-2　B-X 会服务质量 SERVQUAL 模型调查问卷归纳

维度	B-X 会服务质量具体情况	平均分
有形性	1. B-X 会服务人员着装整齐	4.8
	2. B-X 会组织活动的场地环境干净、舒适	4.7
	3. B-X 会组织活动现场井然有序	4.7
可靠性	4. 当我遇到困难时，B-X 会服务人员提供适当的解决方案，兑现服务承诺	4.2
	5. B-X 会人员服务熟练，能为我顺利提供公益服务	4.3
	6. B-X 会能提供音频佐证，准确记录公益服务内容	4.6

续表

维度	B-X 会服务质量具体情况	平均分
响应性	7. B-X 会服务成员能明确告知我公益服务的时间与内容	4.0
	8. B-X 会的服务流程合理、所需时间合理	4.1
	9. B-X 会内部能迅速有效地处理我的意见和诉求	4.0
保证性	10. B-X 会服务人员有基本的公益服务操守,严格保障我的个人信息安全	4.3
	11. B-X 会服务人员有充足的专业知识为我提供专业信赖的公益服务	4.2
	12. B-X 会为我提供所承诺的服务,无诓骗行为	4.7
移情性	13. B-X 会服务人员可以为我提供差异化与个性化的服务	4.1
	14. B-X 会服务人员能给我提供合适的公益服务方案	4.0
	15. B-X 会服务人员服务频次和服务内容可以满足我的需求	4.2
总体满意度	16. 我对 B-X 会的服务质量总体满意	4.5

一方面,B-X 会有较为丰富的人力、物力资源,规范化的管理模式为服务质量的有形性提供了良好保证,服务对象评价较高;另一方面,B-X 会在服务质量的可靠性、响应性、保证性和移情性等四个方面的得分普遍低于有形性,这与 B-X 会成员的专业素养及 B-X 会社会服务的规范化与专业化程度存在密切关系。

2. B-X 会面临的服务质量挑战

(1)服务对象参与主动性不足

B-X 会致力于"创建富有活力和创新精神的慈善志愿服务组织,做社区服务和人道主义服务的生力军"。目前,B-X 会公益服务对象的遴选较多源于 B-X 会对公众服务需求的综合判断,潜在服务对象在这一过程中的参与度与诉求表达机会相对有限、对公益项目的了解与认知程度有待深化,这对服务项目的开展产生一定影响。

推动 B-X 会服务质量提升的首要前提是,通过加大宣传力度、创新宣传方法,增进服务对象对公益服务及服务项目的了解与认可,实现服务对象由"被动接受"服务到"主动融入"服务的转变:"一开始我不知道有这个服务,今天天气好出来遛弯儿,看见一群人热热闹闹聚在一起,就顺道过来看看,没想到还能免费剪个头发。我也不会用智能手机,你们之前的宣传,我也不了解。"(F58,女,全职主妇)

公众对公益服务了解不足，一定程度上反映了 B-X 会在会员公益教育与培训方面有提升空间。部分会员对公益理念内涵与服务项目内容的认识有待深化，这对开展公益服务宣传推介、增进服务对象对服务项目的了解产生不利影响。因此，继续加强对 B-X 会会员的公益理念、公益服务与公益项目的知识技能培训十分必要。

（2）服务供给的专业性有待提升

在保证性和移情性方面，B-X 会努力向服务对象提供兼顾生理、心理和精神需求的多元服务；而在服务内容、服务方式因地制宜、因人而异方面存在提升空间，服务供给的专业性有待进一步加强。

首先，需求评估量化标准、服务过程档案系统建设需要加强。在服务对象甄选环节，亟须建立科学精准的量化标准系统，为服务需求归类评级、个性化服务方案设计提供指导；应加快服务对象信息与服务过程档案系统建设，为服务效果分析、服务经验总结及持续性开展服务提供保证与支撑。

其次，受公益服务的周期时长限制，提供的服务常常具有"问题解决"属性，即针对服务对象的直观需要提供符合"人之常情"的应对式援助服务，与此相比，对引导服务对象自身走出生存发展困境的关注相对有限、有待强化。

最后，部分会员存在公益服务理念、知识与技能欠缺，一定程度上影响服务供给的规范化专业化程度，与其他"爱心""慈善"志愿活动的区别未能得到充分凸显，规范化专业化服务供给建设有待提升。

> 我认为，要想不断完善公益服务，需要学习的东西还有很多。之前开展公益服务时，遇到一个小男孩跟他爷爷一起生活，条件非常艰苦，到冬天了都没钱生炉子。你敢想吗？B（市）的冬天没有炉子就靠把灰取暖。你说这种情况下孩子的心理问题能不大吗？他都十岁多了，也不怎么说话，性格也比较内向。看了之后真挺让人心疼的，但是只让他吃饱穿暖，这明显是不够的。（F59，女，新会员，企业主）

（3）资源链接意识有待强化

B-X 会的各协作区按照地域划分开展公益服务，彼此间的交流以例会、服务项目借鉴等形式为主，通过资源链接联合多服务队、多分区、多主体开展的服务项目相对较少："目前各服务队都是各自做各自的服务。之前，我们队里有个 X 兄去了西双版纳，那周边有很多地方，是很贫穷的。X 兄就在我们服务队的小群里面号召大家捐赠衣物。我今天拿的那些就是打算给他寄过去的。我们有认识的其他服务队的队员，有时候也会提一句，但一般情况下是不会把相关消息发在我们服务队外的大群里面的。"（F59，女，新会员，企业主）近年来，B-X 会赴外省外地开展公益服务活动逐渐多了起来，此类活动中，由应急救援委员会牵头的灾害救援、抗疫防疫活动所占比例较大。

B 市残联是 B-X 会的业务主管单位。在 B-X 会发展过程中，市残联积极接洽并支持 B-X 会与城管局、民政局、交通局、教育局、环卫局、团市委等多个政府部门及机构开展合作。例如，B-X 会与 B 市计划生育协会合作开展的"暖心家园"项目、与市青少年发展委员会合作开展的"关爱未来·陪你上学"青少年成长扶助行动项目等："我们 B-X 会和各个政府部门的联系是很密切的，毕竟我们的主管单位是市残联，他们那边也很认可我们的服务。同样，我们与其他政府部门也有合作，像交通局、环卫局，我们都有合作开展的公益活动。只有了解党和政府的关注点和工作目标，我们才能结合自身的工作，很有效地转换成和他们衔接度比较高的内容。"（F05，女，秘书处干事长）

社会各行各业、各个领域都存在"能人"，他们拥有的各类社会资源都是开展公益服务可以利用的力量。B-X 会的许多会员是其所在行业的佼佼者，在公益服务中，B-X 会相对重视对这些"能人"会员及其拥有资源的利用。与此相比，在开发外部力量、联结与借助组织外"能人"开展公益服务方面还存在完善与提升的空间。

（4）服务成效的延续性需要维护

伴随其快速发展，B-X 会的公益服务扩展至众多领域，服务领域的多元化也带来公益服务资源的分向配置。服务项目拥有执行时长，与迫切回应、及时解决服务对象面临的现实问题相比，提供脉络化、持续性的服务难度较大。

服务项目实施后，服务对象的处境有所改善，如果无法继续提供脉络化、持续性的后续服务，不但不能从根本上解决问题，还可能加剧服务对象的挫折感与无助感。以社区糖尿病防治宣教为例，在活动刚结束的一段时间内，服务对象的不良生活习惯得到纠正，健康状况明显改善。而伴随时间推移，宣教对服务对象产生的正向持续影响逐渐减弱。如果对服务对象缺乏后期定时回访及跟进监督，服务对象很难制定并执行长期健康膳食的科学规划，个别服务对象在饮食方面存在的问题很难得到根本解决，甚至有可能重蹈覆辙。

（三）服务质量问题的成因

1. 服务对象的自我效能感问题

自我效能感是影响个体行为决策过程的重要因素，是个体对自身是否具备足够的技术与能力胜任某项工作所持有的信心，通过影响个体的情绪、动机和态度等一系列心理活动，直接或间接地促进个体发展。年龄增长与场域变化造成的支持网络弱化、身体原因造成的社会活动减少，都会使服务对象产生无力感和空虚感，对其自我评价产生较大影响，引发挫败与失落等不健康情绪反应。

> 人上了年纪，就是数着日子过了，什么也做不好，前段时间，家里人说我拖个地都拖不干净了；我现在还添了个晚上睡不着觉的毛病。前几年能干这干那的，现在真是关节也不好了、走路也费劲了，就不想出门了。（F60，女，退休人员）

针对服务对象开展细致全面的访谈与问卷调查，深入了解服务过程中的质量问题，以服务对象需求为核心，设计更具有针对性、可操作性与有效性的服务方案，是提升公益性服务质量的关键。

2. 内生性专业力量培育问题

公益组织的发展离不开相应的理论指导，需要借助心理学、伦理学、社会学等相关学科理论的支持。在对 B-X 会的公益服务质量问题进行实地考察后可以发现，与 B-X 会的迅猛发展势头相比，内生性专业力量培育对公益服务质量提升具有重要影响。

B-X 会成员来源广泛、深受组织文化熏陶、具有强烈的公益热情，但其公益服务实施的方法技巧还存在一定可完善之处，需要专业化、规范化的理论与服务技巧提供指导支撑；在 B-X 会的培训体系中，服务经验交流分享相对较多，要想面向服务对象开展具有针对性、专业性与规范性的服务，还需要进一步强化这方面的知识和技能培训。

3. 团队间竞争的封闭性问题

团队间竞争是 B-X 会常见的组织激励方式。这种竞争在激发服务队内部向心力的同时，也加大团队封闭性的风险。相对于其他协作区或其他服务队，本服务队成员对同队成员的表现往往评价更高，队员间已形成紧密的情感纽带，相互依存、互惠合作："我们每次大型活动，比如，慈善晚会之后，都会有排名，这不只是个人的排名，协作区内部还有各个服务队的排名，还会有相关的奖励措施。这种竞争的形式，说实话也很大地调动了大家的积极性，激励大家踊跃参与。"（F61，女，领导 X 友，企业主）

在服务队间的常态化竞争中，资源、荣誉与区会排名的竞争进一步激发会员们的公益热情，同时也需要看到的是，激烈竞争在某种程度上也会限制与堵塞资源链接的开放性通道，产生公益服务与团队发展的封闭性倾向。

4. 服务项目同质化问题

"轮庄制"组织架构，使个别服务项目在未见明显成效的情况下因领导团队、负责人员更换而面临中止的风险，使新项目培育与服务质量提升面临考验；服务项目执行具有周期性，项目结束时面临效果评估压力，见效快、效果显著的服务项目更具有优势、更受到欢迎。上述因素加大了服务项目同质化的可能性。

　　毕竟人力物力有限，我们每年会有新项目，看别的服务队开展好的，我们也会取长补短。当然这里面也有很多项目，开展一段时间后，最后没做下来。这都是很正常的现象，毕竟不可能把每个项目都打造成精品，我们力争开展更多的精品项目，服务更多的人群。（F59，女，新会员，企业主）

（四）社会工作介入的必要性、可行性与实施路径

1. 社会工作介入的必要性

研究表明，服务对象自我效能感较低、缺少内生性专业力量、服务队间竞争的封闭性、服务供给同质化，是影响公益服务质量的主要因素。针对这种情况，尝试通过社会工作介入提升公益组织的服务质量，十分必要。

社会工作介入可以为公益组织发展提供科学化、规范化指导，促进公益组织运行、管理与服务的专业化水平提升；针对 B-X 会成员及服务对象，开展"一对一"个案工作诊断、进行交流分享及实现小组活动赋能，有助于引导 B-X 会成员更好地评估与满足受助对象服务需求，规范公益服务流程，提升专业化服务能力。

2. 社会工作介入的可行性

借助专业化社会工作实务技巧，介入公益组织的服务过程，对服务方案、服务策略与项目实施进行社会工作视角诊断，尝试提高 B-X 会的公益服务质量、推动 B-X 会的规范化发展。

为实现自身的专业化转型，B-X 会积极接洽各类专业力量，社会工作的科学性和规范性得到其认可。B-X 会秘书处及各协作区干事、服务队队长都为社会工作的介入实践积极提供支持与帮助。与此同时，B-X 会内部较为丰富的物质资源基础，也为社会工作介入的活动场地、物资落实提供了良好保障，确保了介入工作的顺利开展。

3. 社会工作介入的实施路径

其一，个案辅助。个案辅助的目标在于：赋予服务对象个体更多的自主权，在心理上激发其主动性，帮助其获得社会支持、强化自我能力，提升服务对象的自我效能感。社工以个案辅助的策略介入 X 会服务队的受助

群体帮扶、公益服务实践中，通过服务对象自我效能感的提升，帮助服务队及其成员形成从个体到群体提高服务质量的逻辑。

其二，小组活动。小组成员之间的互帮互助以改变个体行为、促进个体发展为目标。除关注小组成员的观念改变与个人能力提升外，还关注个体与他人进行人际交流合作的能力。小组活动的参与者既包括服务对象也包括部分服务队成员。社工利用小组活动的策略介入服务对象帮扶中，强化服务对象的互助能力与团队动力，改善服务队成员的沟通协作，由点到线提升公益组织的服务质量。

三　公益服务质量提升的社会工作介入过程

在介入过程中，社工一共参与 B-X 会各类实务活动 16 次。介入通过小组活动的形式展开。此外，为检验社会工作介入对 B-X 会公益服务质量的提升效果，在介入开始前及介入结束后，还对相关服务队成员及服务对象进行了问卷调查与个案访谈。

（一）介入计划

1. 小组筹备

小组筹备包括人员组织、事务安排与物资筹备等三个方面。B-X 会物资充足，大力支持本次研究，使物资筹备的问题得到圆满解决。人员组织与事务安排的具体情况如下。

人员组织。小组活动涉及 1 名社会工作者、10 名 Y 服务队队员。队员遴选主要依据前期访谈、入会时长、个人参与意愿等因素。社工主要负责小组项目的统筹与引导，服务队队员承担小组活动不同阶段的具体任务。

事务安排。小组活动的事务安排主要分为两部分：按照计划设计推进小组活动，达成小组目标；以小组活动为基础，通过社工介入引导服务队提升服务质量，选择运用评估工具，对社工介入提升公益组织服务质量的效果，进行评估。

2. 介入阶段

本次社会工作的具体介入可以细分为三个阶段如表附 1–3 所示。

表附 1–3　社工介入服务质量提升的阶段计划

阶段	社工角色	作用	目标	次数
第一阶段 （2022 年 9 月 至 11 月）	引导者 参与者 培训者	引导活动流程；进行专业知识培训；鼓励成员分享	举行培训与例会；通过 B-X 会组织文化与社会工作理论知识的融合与分享，提升 X 友服务理念与服务技能的专业化与规范化	共计 10 次，其中培训 3 次，例会 7 次
第二阶段 （2023 年 2 月 至 3 月）	领导者 经纪人 参与者	带动组员，发挥小组支持性网络的作用	参与线下服务；组织小组活动，通过增权提升小组的内生动力	共计 5 次
第三阶段 （2023 年 3 月 至 4 月）	引导者 参与者	通过小组回顾，坚定组员信心；妥善处理组员的离别情绪	复盘小组活动，诊断服务问题；处理分离焦虑，延续小组支持性网络的作用	共计 1 次

（二）第一阶段：培训、例会与整合资源

1. 社工介入 B-X 会成员培训

B-X 会的内部培训共分为四类，基础性培训、技术性培训、讲师导师培训与领导力培训，培训内容根据培训对象的不同进行差异化设置，主要涵盖 X 会事务基础、公益组织运营、团队建设方法等方面。

B-X 会非常重视培训工作，每月逢"5、15、25"3 个日期进行 3 次常态化培训："做公益要想做好，最重要的就是靠服务做口碑。服务怎么做好，就需要我们平时的培训、学习，大家只有学习了解 X 会事务才知道公益怎么做、团队怎么管理，这和我们平时做企业也是有共通之处的。再说，没有规矩不成方圆，没有一个好的规章制度，企业没法发展，公益也没法发展。"（F31，男，前主席/前党支部书记，教育机构负责人）

作为学习成长的平台，B-X 会为会员在公益服务这一新场域中弥补自身的不足提供了新的机遇："参加 X 会不仅有做慈善的机会，也给了我们自己不断学习的机会，整个人也更加自信了。自我成就感也就跟着来了，你只有不断学习、不断积累，才能从不同角度看待事物，格局才能更加开

放，也才能融入更大的社会。"（F62，男，会员，企业主）与较多关注成员个人素质能力的提高相比，B-X 会开设的针对受助群体的公益服务理念及服务技巧的培训相对少一些。在公益服务实践中，B-X 会成员经常面临服务伦理的干扰，处理不当不仅会影响服务质量与服务效果，还有可能对受助群体的生理与心理造成影响。

介入初期，在征得 B-X 会秘书处同意、得到其帮助后，社工以腾讯会议的方式，在线上开展了三次、每次 180 分钟的分享课程培训。主要培训内容是社会工作伦理，强调服务对象的个人尊严与价值，确保每位服务对象都能得到充分关注和尊重；强调服务过程中人际关系的重要性，建议 B-X 会在不断提升会员专业素养的同时构建小组支持网络。在讨论环节，社工试图以社会工作伦理专业化方向为指引，通过道德层面的感召促进公益组织集体良心的发展，增强公益组织的专业化意识，践行科学化服务，树立规范化形象，促进公益组织服务质量的有效提升。培训效果良好，得到参训服务队队员的肯定。

> 通过培训，我突然明白了。以前就觉得帮扶对象是弱势群体，需要我们的帮助，我们就对人家大包大揽。仅仅从这个角度看，确实也是对弱势群体的不尊重，这个是比较隐晦的一点，以后服务也应该注意到。（F62，男，会员，企业主）

> 这次培训效果比我预期的还要好，在线上大家讨论得很热烈。不同视角下对公益服务的理念、技巧的分享，也给我们做服务提供了不同的视角支持，大家也能得到不同程度的进步。后续，也很期待能在你们指导下，来促进我们公益服务的进步。（F63，女，会员，教师）

2. 每周例会与建立专业关系

B-X 会的每周例会，不仅是对相关事务的探讨，更是服务队关怀队员的具体体现、彼此沟通情感的桥梁和纽带。通过参与例会，社工不断加深与 X 友的交流，为开展小组活动、塑造良好的组内氛围创造了机遇。

（1）小组活动：了解公益服务内容与建立小组专业关系

小组活动时间：2023 年 2 月 22 日 9：30~11：20

小组活动对象：Y 服务队成员，10 人

小组活动地点：B 市 DL 区

理论基础：活动理论认为，个人的活动是与群体及周边环境双向交互的过程，个体心理发展与外部环境变化存在辩证统一关系。

应用意义：小组成员在新的服务场域中开展公益活动时，面临各种不适情况，需要建构和拓展新的社会活动及群体支撑，增强其服务适应度，进而提升其服务质量。

具体活动安排，如表附 1-4 所示。

表附 1-4　例会活动主题 1

时间	内容	目的
9：30~9：50	社工进行自我介绍；引导小组成员进行串名字游戏	通过游戏破冰、缓解现场气氛，了解彼此、加深印象，形成良好氛围
9：50~10：20	第一副队长介绍公益服务需求、项目情况、服务对象情况	便于组员了解服务内容，为后续开展服务提供基础
10：20~10：30	社工与小组成员集思广益，一起讨论小组活动的流程与形式；引导成员分析服务对象的特征与需求	增强组员的公益服务责任感，调动其积极性，提高其参与公益服务的集体意识与合作意识
10：30~10：50	社工征询小组成员的服务意向、个人专长等；引导成员开展讨论；签订小组契约	帮助组员完成自己的角色定位，建立小组专业关系，增强组员的责任感与归属感
10：50~11：20	总结分享，合影留念	引导组员展开深度思考，畅所欲言、表达自己，提升组员的参与度

今天，是我来咱队里正式报到的第一天。整个队里只认识感召我过来的队长，说实话，我本来是有点拘谨的。还好有这次活动，趁着游戏，这气氛一下就活跃起来了，而且我也记住了很多 X 兄 X 姐的名字。这感觉就像大家庭一样，其乐融融的。我觉得比一群人干坐着聊天强多了。(F59，女，新会员，企业主)

（2）小组活动：提升自身效能、识别环境支持

小组活动时间：2023 年 3 月 6 日 9：00~11：20

小组活动对象：Y 服务队成员，15 人

小组活动地点：B 市 DL 区

理论基础：团体动力学强调，个人独处与其在群体中的表现存在差异，人和环境共同组成个体的生活空间。

应用意义：小组是具有生命力的有机体，小组成员的言行举止受到团体的影响；服务队成员具有一定同质性，小组氛围、交往互动有助于形成小组凝聚力，为成员成长发展及小组问题改善提供动力支持，为后续活动的开展打下良好基础。

具体活动安排，如表附 1-5 所示。

表附 1-5　例会活动主题 2

时间	内容	目的
9：00~9：20	回顾上次例会的内容；握手拥抱、问好	营造小组气氛，促进组员进一步熟识
9：20~10：00	在音乐伴奏中绘制"我"的优点印象卡；讲述"我"的高光时刻	帮助组员发掘自身优势、增强自信；活跃小组氛围，增进组员间的互动与交流
10：00~11：00	游戏"人山人海"；游戏"互戴高帽夸夸夸"	学会欣赏他人、寻找他人优势；组员彼此提供关怀与支持，增强组员的团队归属感
11：00~11：20	总结与分享；合影留念	增强亲密关系；增进小组的团体动力

这个活动挺新颖的，咱们组员也都很认可这种活动形式。大家你来我往地发现了身上的优点，互相夸奖对方，既能增强自信，又能形成好的人际关系。现在就和兄弟姐妹一样，感觉关系更近了。（F59，女，新会员，企业主）

3. 第一阶段介入小结

社工对专业化理论与服务技巧的强调，获得服务队成员的肯定；以 B-X 会现有制度化培训为依托，社工开展线上培训，引导服务队成员畅所欲言、深入交流；在线上培训创造良好基础后，通过开展一系列小组活动，

社工较为顺利地与 Y 服务队成员建立起专业关系，也使得"公益＋社工"深度融合的可能性更加具备现实基础。与此同时，参与每周例会使服务队队员间的关系更加密切，小组氛围也更加融洽。届此，社工介入对 B-X 会原有资源的整合初步完成，为后续社会工作介入线下活动创造了条件。

（三）第二阶段：线下服务与链接资源

1. "幸福美邻节"活动

小组活动主题：幸福美邻节

小组活动时间：2023 年 2 月 28 日 7：30～12：20

小组服务对象：DY 街道社区居民，13 人

小组活动成员：Y 服务队成员，10 人

活动协作成员：DY 街道办事处工作人员，1 人

小组活动地点：B 市 DL 区

理论基础：增权理论强调，应当给予处于弱势地位的个体与群体以权力。通过对权力进行重新分配，改变社会底层或边缘人群无力保障自身权益的局面，满足其情感与生活需求，改善服务对象的生活，提升服务对象的生活品质。

应用意义：指导 B-X 会成员帮助服务对象增强自身的抗风险能力，引导服务对象通过积极叙事的方式，回应及面对生活中的问题与挑战；在人际关系层面，通过互动模式的改善，促进服务对象积极情感体验的发生。

具体活动安排，如表附 1-6 所示。

表附 1-6 "幸福美邻节"活动安排

时间	内容	目的
7：30～8：30	回顾上次活动，介绍此次活动的内容；分头采买食材，布置场地	锻炼组员的动手能力，促进组员之间的互动交流，营造和谐互助的小组氛围，开展后续活动
8：30～9：30	通过舒缓音乐伴奏进行热身运动；举行包饺子活动	促进小组成员互帮互助，立足日常生活、发掘乐趣
9：30～11：00	歌舞才艺展示；互动游戏	提升活动参与度与趣味性，提升自赋经验技能的自我认可与自我效能感

续表

时间	内容	目的
11：00~12：00	品尝饺子；分享日常生活，宣泄情绪	引导小组成员以增能视角看待生活，分享生活乐事，活跃小组氛围
12：00~12：20	拍照留念；分发纪念品	提升活动参与度与认可度，增强小组归属感

B-X 会开展的"幸福美邻节"社区服务项目已经持续一年。通过与 DL 区 DY 街道 Y 社区对接，双方联合开展健康讲座、文体娱乐、交流联谊、集体生日会等主题活动，帮助服务对象更好地融入社会、增强获得感和幸福感。

此次小组活动的服务对象以 DY 街道社区的退休人员与失独家庭人员为主。活动过程中，在社工建议下服务队队员与社区居民合作表演舞蹈《大海航行靠舵手》、歌曲《最美不过夕阳红》等节目。通过游戏互动、包饺子活动、分享日常生活等环节发现乐趣，共同度过温馨难忘的时刻，拓展社会支持，营造亲密融洽的小组氛围。

之前那几次活动都是我们来表演，毕竟是我们来开展服务。这次经你（指社工）建议，我们提前问了这些会跳舞的大姨想不想一起来参加，反响挺好的。我们还包饺子、做游戏，这就和过节过年一样，大家都很开心。（F59，女，新会员，企业主）

我孩子不在以后，在家里看什么都不顺眼，老闷着也容易出毛病。我都很久没自己包饺子吃了，家里人少，包一次也挺费劲。这次你们来了，和大家一起包包饺子，看看节目，确实挺好的。（F64，女，志愿者，居民）

社工把社区服务作为介入 B-X 会服务质量提升的切入点。借助社区熟人社会已有的社会资源，在较短时间内实现了个体情感对公共活动的嵌入。通过激发与引导个体在新场域下开展社会交往，实现社区居民由"居住认同"到"情感认同"的升华，也增强 B-X 会服务队的黏性与团队动力。与此同时，引导服务对象主动分享日常生活点滴，通过积极参与小组活动发现生活乐趣，缓解失落感与空虚感，启发服务对象重塑积极向上的生活态度、提升其生活热情。

2."X爱'金剪刀'"活动

小组活动主题：X爱"金剪刀"

小组活动时间：2023年3月10日8：00～11：20；3月12日8：00～11：20

小组服务对象：B市DL区X镇X村老年村民，16人

　　　　　　　DW区S街道老年居民，19人

小组活动成员：Y服务队成员，6人

　　　　　　　B市失独家庭志愿者，4人

小组活动地点：X村村委大院；S街道

理论基础：优势视角下的社会工作服务，强调深入挖掘服务对象内在的潜力和可能性，关注利用环境中的外部资源满足服务对象的需求。

应用意义：通过挖掘来自失独家庭的志愿者具备的优势与潜能，提升其自我效能感；引导B-X会成员以欣赏、尊敬的态度探索服务对象的优势与愿景，最终实现"助人自助"的目标。

具体活动安排，如表附1-7所示。

表附1-7　"X爱'金剪刀'"活动安排

时间	内容	目的
8：00～8：40	回顾上次活动；"听歌识曲"破冰；沟通采访、加深了解	活跃气氛，了解服务内容、参与活动人员情况，为服务开展提供便利
8：40～10：20	开场致辞；维护小组秩序；X友、志愿者相互配合，开展剪发活动	提升组员兴趣，建立专业关系，营造良好的小组氛围
10：20～10：50	讲述生活回忆；教习手指操	增强小组成员的集体责任感，巩固支持性小组关系，增强小组活动记忆
10：50～11：20	拍照留念；分发纪念品	提升活动参与度与认可度，增进小组成员之间的情谊

作为B-X会的品牌公益服务项目，"X爱'金剪刀'"活动免费为老人提供理发服务。Y服务队首次涉足该项目，在参考其他服务队活动经验

的基础上，决定利用"幸福美邻节"服务中结识的四位失独家庭志愿者替换原计划中的专业理发师。

四位志愿者均来自失独家庭，子女去世后开始从事志愿活动，主要在养老院照顾陪护老人、开展临终关怀，志愿服务经验十余年，累计剪发近千人次："我做公益十六七年了，平时主要都是在 DL 区那边的养老院。自打我孩子走了以后，在家里待着越待越不开心，就想自己能干点什么。现在出来在养老院、精神病院缝缝补补、剪剪头发，出去就待一天，时间过得很快了，还认识了很多和我差不多情况的志愿者，不知不觉就快二十年了。"（F65，男，志愿者，居民）与服务对象相近的年龄阅历、丰富的志愿经验，使四名志愿者不但完成为老人理发的基本服务，还通过提供心理关怀满足服务对象的心理需求。

此次"X 爱'金剪刀'"活动，不仅解决了 X 村老人及 S 街道老年居民出行不便造成的"剪发难"问题，还在关爱老人的基础上，为 B-X 会与 B 市计生委的友好合作打下基础，参与活动的失独老人就由计生委推荐。在"X 爱'金剪刀'"活动中，B-X 会服务队通过链接多方资源，调动与发挥志愿者"能人"的积极性与作用。活动取得良好的服务效果，为其他服务队提供了借鉴。

> 服务很好，你们可得常来啊，不剪头发单纯陪我们聊天也行，说点新鲜的东西。我在家里也闷得慌，就想找个人聊天，你看这年轻人也不愿意和老头老太太聊天，村里能出门聊天的就那几个人，说来说去就那点事儿，都听腻了（笑）。（F66，男，居民）

与此同时，通过参与"X 爱'金剪刀'"活动、为居民提供剪发服务，这些志愿者"能人"得以接触不同的社会交际圈层，在提升其自我认同感的基础上持续输出个人价值，以公益形式积极融入社会，实现了"能人"与公益、自我价值与社会价值的互构。吸收四位来自失独家庭的志愿者参与剪发服务，在发掘其个人技能、帮助其服务社会的同时，引导其参与小组活动、通过公益服务拓展其社会联系网络，也为他们提供了情感支持与精神慰藉。

3. "点亮蓝灯·关爱孤独症儿童" 活动

小组活动主题：点亮蓝灯·关爱孤独症儿童

小组活动时间：2023 年 3 月 18 日 14：00～16：00；3 月 20 日 14：00～16：00

小组服务对象：A 孤独症康复中心儿童 15 人，教师 15 人

K 孤独症康复中心儿童 17 人，教师 17 人

小组活动成员：Y 服务队成员，10 人

活动协作成员：B-X 会一协作区、二协作区成员，28 人

小组活动地点：B 市 NG 区 A 孤独症康复中心

DW 区 K 孤独症康复中心

理论基础：在社会支持理论中，个体建构的社会支持网络越强，越能更好地应对来自不同环境的挑战。通过公益服务，帮助孤独症患儿家庭构建社会支持网络，可以改善其生活状况、满足其生活需要与情感需求。

应用意义：以拓展孤独症患儿家庭的社会支持网络为社会工作介入重点，重构小组网络，不仅可帮助孤独症患儿家庭预防不良情绪的产生、延续正向的自我概念，同时也有利于孤独症患儿家庭在小组活动中获得更多的支持。

具体活动安排，如表附 1-8 所示。

表附 1-8 "点亮蓝灯·关爱孤独症儿童" 活动安排

时间	内容	目的
14：00～14：20	舒缓轻音乐伴奏；社工发表指导语；教师帮助孤独症儿童平和状态、进场活动	针对孤独症儿童高敏感的特性，利用音乐疗法来舒缓压力，进一步提高其抗逆力，以便开展后续服务
14：20～14：30	进行游戏引导；维持现场秩序稳定	提升孤独症儿童对小组活动的兴趣，建立专业关系，营造良好的小组氛围
14：30～15：00	孤独症儿童在教师帮助下完成绘画创作；家长扫码进群、分享活动感悟	形成团队意识，强化小组温情，增强组员对小组活动的记忆
15：00～15：10	分发礼品、合照留念；孤独症儿童有序离场	提升活动的参与度与认可度
15：10～16：00	X 友对孤独症家庭进行关怀；建立互助小组；总结与分享	缓解孤独症家庭家长压力，为孤独症儿童康复创造良好的家庭环境

作为中 X 重点推进的"WX 工程"品牌服务项目，B-X 会自成立时起就开始开展"点亮蓝灯·关爱孤独症儿童"项目，经过近十年服务探索，产生较大的社会影响。B-X 会积极链接多方资源，致力为孤独症儿童及其家庭建立专业化服务团队，以专业化知识与理念为孤独症儿童提供支持，全力提升其生存能力和生活质量。借助社会工作介入，以互助小组的形式集合散沙状分布的孤独症儿童家长，帮助其建立同缘关系，形成非正式性支持网络，贯彻社会工作"助人自助"的理念，帮助孤独症儿童家庭建立生活信心。

> 其实，每天这样寸步不离看着孩子，我们家长也很累。现在送到机构，一天哪怕几个小时给我们喘息一下，照顾的负担就轻了不少，不用分分钟盯着追着，而且在机构里也认识了很多与我有着相同情况的妈妈，经常交流孩子的情况，感觉也没那么焦虑了。（F58，女，全职主妇）

> 我们之前也是来了很多次，每次也都和家长聊聊天。现在也建了一个群，里面谁有认识的医生啊，有更好的情况，也会互相介绍，还有一些对孩子康复有利的生活妙招分享。说实话孩子苦，家长更苦，就希望我们能多少缓解一些家长的焦虑吧。（F61，女，领导 X 友，企业主）

B-X 会利用其掌握的社会网络进行资源整合，协调推动政府、社区、学校、医院、机构等对孤独症儿童及其家庭的持续性、长期性关注，为孤独症儿童家长提供必要的社会支持；社工引导建立非正式性支持小组，有助于家长通过组内交流缓解焦虑情绪。在"互联网+"时代背景下，"线上社群""线下活动""公益服务"三大平台，有助于为孤独症儿童教育提供多元化帮助。

4. 第二阶段介入小结

第二阶段的社会工作介入包括三个主题、分为五次小组活动进行，分别选取 B-X 会具有代表性的"社区服务""敬老服务""助残服务"项目作为介入对象。社工介入以相关理论基础为指导，以小组活动为载体，糅合多种实务方法，不仅为服务对象提供专业化的服务，还潜移默化地影响服务队成员的公益服务方法与策略。借助社工介入，小组成员对小组的黏性及归属感明显增强，活动热情随项目逐次开展而日益提升。由此，社工介入在发掘"能人"、增强服务对象自我效能感的同时，也实现了服务内容的垂直化，协助完成多方资源的有效链接，公益组织的服务质量得到一定提升。

（四）第三阶段：巩固小组成效及处理离别情绪

小组活动主题：回首峥嵘岁月，阔步奋力向前

小组活动时间：2023 年 4 月 27 日 9：30～11：20

小组活动成员：Y 服务队成员，10 人

小组活动地点：B 市 DL 区

该阶段是社工介入的最后一个环节。活动内容主要包括：组内活动全过程回顾、组员交流组内经历与成长收获、社工帮助组员增强信心、激励组员执行延续服务、合影留念及填写调查问卷等。

经过此次社会工作介入，Y 服务队的团队凝聚力显著增强，小组成员之间的信任纽带得到强化，对社会工作的认识与肯定也进一步深化。在分享环节，多数组员表示，通过培训及参与小组活动，获得诸多经验，掌握了公益服务的新方法与新技巧，获益匪浅。组员们也非常期待与其他社工及专业性组织进行更深入的交流合作。在此次活动中，成员们畅所欲言，表达了对自身专业能力的信心、对未来开展活动的期待及对社工辛勤付出的感谢。

尽管部分成员怀有"小组活动效果后期难以延续"的忧虑，但通过全面分析可以发现，通过社工介入，组员对小组内外活动的参与度均有显著提升，组员业已构建的小组支持网络，具备持续发挥作用的条件。同时，组员对服务对象更为平等尊重的态度转变、组员"助人自助"意识的觉醒，都可以为 B-X 会后续的公益服务提供良好的情感支持和技术支撑。

在分享和互动过程中，社工引导组员回顾成长经验和感受，鼓励小组

成员挖掘与归纳既往服务经验、对接当前的自身成长与公益服务需求、努力探索公益服务的多元可能性与创新发展路径。

没想到时间过得这么快，转眼就半年了，我感觉我这半年收获挺大的，了解了之前很多没有接触到的知识，而且现在不管是对 X 友还是对服务对象，都有了新的认识，以后做公益更有信心了，也希望你们（社工）也能常来给我们指导。（F63，女，会员，教师）

我也觉得参加这次活动受益匪浅，有了专业知识，我们做公益相当于就有背书。之前没了解这么多的时候，还觉得自己已经足够专业了，现在再看，可能之前也有一些不够完善的地方，现在注意到了，以后肯定能有所进步了。（F62，男，会员，企业主）

经过这段时间相处，和组内的各位 X 兄 X 姐感情更深厚了，就像一家人一样，平时也约着一起出门。在这个大家庭里做公益也更加积极了。做公益的时候也觉得自己提高的地方不少，这无论是对服务对象，还是对我们自己来说，都是好事情。（F59，女，新会员，企业主）

四　公益服务质量提升社会工作介入的评估与对策建议

（一）对服务质量提升社会工作介入的评估

小组活动效果评估是检验小组活动对服务对象状况是否具有改善效果、是否实现小组目标的重要标准。对小组工作方法介入公益组织服务质量提升的有效性进行检验，对公益组织社会工作的理论建构与实践创新也具有重要意义。本研究采用定性分析与定量分析、过程评估与结果评估相结合的方式，利用半结构式访谈了解社会工作介入的成效，通过调查问卷了解服务对象的满意度，从而对社工介入公益组织服务质量提升的效果进行全面评估。

1. 社工介入的过程评估

过程评估指对社会工作介入服务质量提升的整个过程展开评估，其目的在于考察社工介入计划在介入活动具体开展过程中的实现状况。本研究主要对介入过程中 B-X 会成员的参与状况与社会工作者的表现进行评估。

（1） B-X 会成员的参与度评估

衡量社会工作服务效果的重要指标之一，就是服务对象参与活动的积极性与主动性，活动出勤率是重要的参考。本研究采用签到的方式记录每次活动的出勤人数，通过出勤率和出勤时长，直观考察 B-X 会成员的参与积极性与主动性，如表附 1-9 所示。

表附 1-9　B-X 会成员参与情况

小组活动名称	X 友参与人数（人次）	累计持续时长（分钟）
腾讯会议培训课程	368	180
每周例会	84	1050
"幸福美邻节"活动	10	270
"X 爱'金剪刀'"活动	12	280
"点亮蓝灯·关爱孤独症儿童"活动	38	180
小组回顾与总结	10	110

问卷调查及访谈分析表明，参加活动的服务队队员整体上对社工介入持肯定态度。队员们普遍反映，在社工介入的助力下，自己对公益服务的实施过程有了更加专业、更加规范的认知。

之前不了解还有你们这个专业，现在听了一些新的理论，觉得挺好，多学习实践，对我们服务肯定是有帮助的。以后如果还有这种课程，我只要有时间肯定过来多学习、多进步。只有我们每个人都进步了，咱们 B-X 会的服务才能越做越好。（F59，女，新会员，企业主）

这个模式我觉得很好，先听课再在服务中学以致用，我参加两次活动了，确实让我耳目一新。而且大家在一个小集体里面一起学习、一起进步，咱都是自己人，互相鼓励、氛围也好。（F63，女，会员，教师）

（2）介入活动与社工表现评估

服务对象对社会工作者表现的评价，也是衡量社会工作服务成效的重要指标。通过满意度评价并结合访谈，可以深入了解服务对象对社会工作者表现的评价，从而更准确地评估社工介入的成效、发现问题与不足。本研究向部分小组活动参与者发放调查问卷，回收问卷 37 份，全部有效。根据问卷统计，86.5% 的参与者对活动整体感到"非常满意"，13.5%感到"满意"；针对活动内容安排、社工专业技巧与服务效果"非常满意"的比例分别达到 81.1%、81.1%与 86.5%，而对社工积极性"非常满意"的比例达到 89.2%，见表附 1-10。

表附 1-10　社工满意度调查

问题	非常满意	满意	一般	不满意	非常不满意
您对社工活动内容安排的满意度	81.1%	13.5%	5.4%	0%	0%
您对社工专业技巧的满意度	81.1%	13.5%	5.4%	0%	0%
您对社工服务效果的满意度	86.5%	13.5%	0%	0%	0%
您对社工积极性的满意度	89.2%	8.1%	2.7%	0%	0%
您对社工活动整体的满意度	86.5%	13.5%	0%	0%	0%

项目实施过程中，对小组成员的访谈同样表明，社工的服务基本达到预期效果，多数受访者表示满意，也愿意对社工介入给予支持。部分受访者还对社工介入提出了完善建议。

我觉得这次合作对我们来说是受益匪浅的，各项活动开展得很有新意，一些新的理念和技巧的学习都挺好的，以后我们也能延续下来。不过我还是提一点小建议，可以多来几位社工，人多力量大；或者可以多组织一些"一对一"的活动，多进行一些学习内容的复习，其实有些内容对我们来说，吸收起来还是需要时间的。(F61，女，领导 X 友，企业主)

2. 社工介入的结果评估

结果评估，旨在对社工介入的项目成效、社工介入对服务质量的提升是否达到预期效果进行评估，重点关注两个方面的问题，即社工介入是否具有效果？社工介入为 X 会服务质量提升带来哪些改变？

（1）目标达成度评估

"社会工作介入服务质量提升"项目结束后，研究者向部分服务对象发放 SERVQUAL 调查问卷，计算服务对象对 B-X 会各维度服务质量即时评价的平均分，将其与社工介入实施前针对服务对象开展 SERVQUAL 问卷调查时获得的 B-X 会服务质量各维度平均分（参见前文表附 1-2）进行对比分析，考察社会工作介入提升服务质量的目标达成度，如表附 1-11 所示。

表附 1-11　B-X 会服务质量前后测对照

测量	有形性	可靠性	保证性	响应性	移情性
前测 平均值	4.73	4.37	4.40	4.03	4.10
后测 平均值	4.82	4.53	4.36	4.53	4.61

介入实施前进行的 SERVQUAL 模型测量表明，服务对象对 B-X 会服务质量在整体上普遍持有积极态度，对服务"有形性"最为肯定、打分最高，保证性、可靠性次之，移情性与响应性打分相对较低。社会工作介入项目实施后，服务对象对服务质量绝大多数维度的评价、评分都有所提升，移情性、响应性的改善效果最为突出，可靠性次之，有形性评分也有所改善，但相对较小；保证性得分的微小下滑，可能与社工在介入过程中展现出的专业素养提升了服务对象对 B-X 会会员原有服务的保证性的敏感度有关，表明了提升 B-X 会员社会服务专业化水平的重要性。

> 我觉得和以前有不一样的地方，以前也很尊重我们，现在感觉更尊重了，拍个照这种小事还得问问我。我就说都能拍，就不用问了。他们还说那不行，涉及我们隐私的，得问。（F66，男，居民）

> 我后面也一起参加了几次活动，前几天还一起去了 M 市。以前是 B-X 会来服务我们，现在是我们一起参与服务。他们还跟我说了

很多我之前当志愿者时没注意到的事项，包括一些穿戴问题、一些交流的方式。感觉人家确实比我们专业多了，我们跟着人家专业的团队学习，能让我们志愿者取得很大的进步。（F64，女，志愿者，居民）

（2）成效延续性评估

最后一次小组活动结束后的一个月，社工对多位 B-X 会成员进行了电话回访。多位小组成员表示，社工介入项目对自己的后续工作产生持续影响。通过自身素质的提高，自己在认识、行为和意识层面有了较为显著的改变，对自己服务质量的提升产生了良好促动。

其一，认识的转变。通过参与例会与培训课程，服务队队员在了解、接纳社工的基础上，尝试与社工建立友好的合作关系；社工专业素养的彰显也使服务队队员在遇到服务质量问题时，会第一时间向社工进行咨询，以期共同解决问题："以前觉得自己就很专业，现在通过和你（社工）一起做服务，又学到了一些新东西，活到老，学到老，人一定得虚心，不断学习，才能不断进步，也能给服务对象提供更好的服务。"（F63，女，会员，教师）

其二，意识的转变。在传统慈善文化"倾向于将被服务对象视为弱势群体"这一观念影响下，B-X 会的公益服务也曾经在一定程度上存在"将被服务对象完全放置在被动接受帮扶位置"的情况。社会工作的介入有助于强化服务队队员"助人自助"的服务意识："以前真没意识到，只是觉得我们是去帮助人家的，没想到这次的'X 爱"金剪刀"'活动也让这些（失独家庭）阿姨帮到了我们，这种服务效果还是挺好的，大家相处得也很融洽。以后有时间肯定叫上大家，一起多做公益，这开展一次服务加上志愿者阿姨们，也相当于咱做了两次公益嘛。"（F67，男，会员，企业主）

其三，行为的转变。拍照记录服务活动，便于现场描述与后期复盘，是 B-X 会的日常性工作，但也有可能侵犯服务对象隐私、招致服务对象反感、引发服务专业性质疑。通过社会工作介入，在社工引导下，服务队建立起规范的服务礼仪标准和服务流程，队员们的"随手拍"现象在很大程度上得到改善。队员们已经习惯了在拍照前征得服务对象同意，在规定时间内统一在工作微信群内分享图片，后期宣传也重视保护服务对象的隐私："每次活动的拍照摄影，都是必不可少的公众号素材，不过之前拍照，确实没意识到提前询问服务对象的意愿。现在我们就像你之前建议的那样，预留下拍照时间，征得同意，再拍照，每次活动建个群再一起分享图片。"（F59，女，新会员，企业主）

其四，强化服务延续性。B-X会非常重视服务的延续性。目前正在自上而下积极探讨建立科学化、规范化的回访制度，以期实现服务效果的固化，提升服务质量、推进公益组织的专业化转型："其实关于服务效果延续的问题，是每个公益组织都需要面对和解决的，我们内部也是非常重视。目前我们也在和中X的其他分会加强交流、取长补短，探讨保证服务延续性的具体化制度措施。现在各个服务队都在积极实施回访、再服务。"（F61，女，领导X友，企业主）

其五，完善服务内容发布。针对服务队成员对服务项目具体内容了解有限的现象，B-X会采用更加清晰化、可视化的服务内容设计，除发布时间、地点、联系人等必要因素外，还将发布内容扩展到预期规模、预期效果、拟解决问题、其他协作人员等信息。

（二）社会工作视角下公益组织服务质量提升的对策建议

1. 公益组织应增强专业能力、改善关系调适

针对组织内生性专业力量有待强化、服务对象自我效能感相对较低的问题，公益组织应在服务过程中，提高服务人员反应的专业性与敏锐度，以适应不同服务对象的个体化差异，灵活调整服务方式与交流状态，避免模板化、项目化与经验化的刻板服务模式。立足"助人自助"的基本主旨，拓展社会工作服务深度，引导服务人员实现从"疗愈者"到"助燃剂"再到"催化剂"的身份转变，改进、调适与服务对象的对等型伙伴关系，激励服务对象从现有结构性认知中解放出来，积极表达与探索为自身权利、发展而奋斗的意愿与途径。

2. 公益组织应优化服务评估、完善服务功能

应建立科学严谨的评估指标体系，以应对复杂的社会问题、满足不同服务对象的多样化需求。应关注评估方法与评估工具的适用性，以形成稳定的评估流程体系。为保证评估的制度化和科学化，应促进评估内容、方式、策略与专业理论支撑的有机融合，积累专业性经验，为服务质量提升提供可靠保证。由此，通过高效评估机制对服务流程的规范化作用，完善服务功能，促进服务质量提升。

3. 公益组织应加强对外宣传、扩大社会基础

公益组织并非传统意义上的慈善组织，而是更偏重提供公益服务的专业化志愿者组织，宣传倡导"竭诚服务、奉献社会"的价值观，影响和感召周边群体共同参与公益服务，在提升参与者道德水平和公民素质的基础上，推动整个社会的发展。为确保公益服务的质量，不仅需要提升组织成员服务供给的专业素养，还应积极争取各个社会阶层及社会各界的共同参与，增强社会服务的影响力和感召力，推动社会服务健康、稳定、可持续发展。另外，作为社会服务的重要引导者，政府也应加大政策引导，激发公众参与社会服务的热情和动力，为公益组织的发展提供坚实支撑。

4. 社工应强化自身在介入过程中的作用与地位

其一，从微观视角看，作为培训者，社会工作应当加强与公益组织在成员教育方面的合作，发挥自身优势，以社会工作专业理论与技能培训为切入点，拓展介入途径、创新介入方法。

其二，从中观视角看，作为监督者与引领者，社会工作应当利用自身专业技巧优势引导公益组织及其成员，营造良好的公益氛围，塑造良好的团队协作关系。借助社工介入，推动公益组织将服务伦理实践纳入制度化管理中，建立科学合理的评价体系与激励机制，引入社工督导机制，加强服务监管。

其三，从宏观视角看，作为呼吁者，社会工作应当引导公益组织实现由意识层面到行动层面的转变，推动发展多元主体参与、多专业合作的公益模式，助力公益组织专业化转型，体现与维护服务对象的权益，提升公

益服务的质量与效果。

五　公益组织服务质量提升社会工作介入的研究发现

本研究以 B-X 会为例，从增权理论、社会支持理论、SERVQUAL 模型测量的视角，利用问卷调查、访谈、参与式观察等方法收集与分析相关数据、信息，对公益组织的社会服务现状及面临的质量问题进行深度剖析。在此基础上，开展社会工作的小组活动介入，通过前期调研、中期线上培训与线下参与服务相结合、后期复盘与评估的方式，探讨社工介入对公益组织服务质量的提升作用。通过研究，取得以下主要发现。

第一，公益组织的服务质量问题成因多样化。服务对象主动参与意识不强、服务供给专业化力量有待强化、服务人员资源链接意识薄弱、服务成效延续性有限等，是公益组织服务质量问题的主要成因。

第二，服务对象需求层次多元化，服务质量提升的社会工作介入策略亟须个性化。面对公益服务存在的质量问题，开展社会工作小组活动，对公益组织服务质量提升实施介入，必须立足服务对象多层次、立体化的服务需求，提出具有针对性的解决方案，强化社会工作介入与公益组织专业化转型的契合度。

第三，小组工作介入对提升公益组织的服务质量具有可行性、可操作性和有效性。小组工作介入服务质量提升，为公益组织的服务项目实施提供了一种可行的行动方案。服务内容与服务主体的整合，有助于形成系统化的服务目标和脉络化的服务体系。同时，小组工作介入还有力地保障了公益组织成员专业能力的普遍提升与良好团队合作精神的有效培育，后期评估也从另一方面证实了运用小组工作介入方法的合理性、科学性与有效性。

附录 2　访谈对象基本情况

序号	性别	接受访谈时在 B-X 会中的角色	职业/身份
F01	女	讲师团副团长	企业主
F02	男	荣誉表彰委员会主席	企业主
F03	女	服务队第三副队长	企业主
F04	男	分区主席	企业主
F05	女	秘书处干事长	——
F06	男	社区委员会主席	企业主
F07	男	服务队第三副队长	企业主
F08	女	艺术团团长；监督组副主任	企业主
F09	男	服务委员会主席	企业主
F10	男	光明行委员会副主席	企业主
F11	女	前服务队队长；服务项目委员会主席	企业主
F12	男	服务队队长	企业主
F13	男	服务队队长；党支部副书记（后担任党支部书记）	企业主
F14	女	秘书处干事/服务部部长	——
F15	男	和平海报委员会秘书；服务队队长；理事会成员	企业主
F16	男	副秘书长；前服务队队长/分区第一副主席；主任；监督组主任	企业主
F17	女	艺术团团长	企业主
F18	男	助残委员会主席	企业主
F19	男	服务队队长/导师团副团长	企业主
F20	男	服务队队长	企业主
F21	女	服务队队长	企业主
F22	男	服务队队长	企业主

续表

序号	性别	接受访谈时在 B-X 会中的角色	职业/身份
F23	男	服务队队长	企业主
F24	男	服务队队长	企业管理者
F25	男	服务队队长	企业主
F26	男	前服务队队长/分区主席	企业主
F27	女	前服务队队长/分区第二副主席	企业主
F28	男	前服务队队长/前办公会议成员	企业主
F29	女	B-X 会秘书长（后担任党支部第一书记）	——
F30	男	服务队队长	企业主
F31	男	主席团成员；副主席；前主席/前党支部书记	教育机构负责人
F32	女	服务队老八队成员（后担任副主席、主席、监督组主任）	企业主
F33	男	理事会理事	企业主
F34	男	——	B 市城管办主任
F35	男	服务队队长	企业主
F36	男	B-X 会代表	B 市残联副理事长
F37	男	主席团成员；主席	律师
F38	女	——	社区党委书记
F39	男	副主席（后担任主席）	企业主
F40	男	秘书长	——
F41	男	创区主席、主席团成员，中国 X 会副会长	企业主
F42	男	服务队队长	企业主
F43	女	服务队队长	企业主
F44	女	会员	教师
F45	男	服务队副队长	企业主
F46	女	会员	企业主
F47	男	会员	企业主
F48	男	会员	企业主
F49	男	会员	企业主
F50	女	会员	医生
F51	男	会员	企业主
F52	男	会员	企业主
F53	女	会员	企业主

序号	性别	接受访谈时在 B-X 会中的角色	职业/身份
F54	女	理事会成员	企业主
F55	男	会员	企业主
F56	女	理事会成员	企业主
F57	男	会员	企业主
F58	女	——	全职主妇
F59	女	新会员	企业主
F60	女	——	退休人员
F61	女	领导 X 友	企业主
F62	男	会员	企业主
F63	女	会员	教师
F64	女	志愿者	居民
F65	男	志愿者	居民
F66	男	——	居民
F67	男	会员	企业主

参考文献

中文文献

贝尔，丹尼尔，1997，《后工业社会的来临——对社会预测的一项探索》，高铦等译，新华出版社。

波兰尼，卡尔，2007，《大转型：我们时代的政治与经济起源》，冯钢、刘阳译，浙江人民出版社。

布迪厄，皮埃尔，2022，《社会学的问题》，曹金羽译，上海文艺出版社。

布迪厄，皮埃尔、华康德，1998，《实践与反思：反思社会学导引》，李猛、李康译，中央编译出版社。

蔡宁、张玉婷、沈奇泰松，2018，《政治关联如何影响社会组织有效性？——组织自主性的中介作用和制度支持的调节作用》，《浙江大学学报》（人文社会科学版）第 1 期。

陈秀峰、黄小荣，2009，《中国公益基金会的激励机制及其创新策略》，《行政论坛》第 2 期。

凡勃伦，2007，《有闲阶级论——关于制度的经济研究》，蔡受百译，商务印书馆。

费迪、王诗宗，2014，《中国社会组织独立性与自主性的关系探究：基于浙江的经验》，《中共浙江省委党校学报》第 1 期。

伏虎，2016，《是什么影响了公益组织成员的认同感？——基于"中国民间公益组织基础数据库"的研究》，《重庆理工大学学报》（社会科学）第 1 期。

格尔兹，克利福德，1999，《文化的解释》，纳日碧力戈等译，上海人民出版社。

葛亮，2018，《制度环境与社会组织党建的动力机制研究——以 Z 市雪菜饼协会为个案》，《社会主义研究》第 1 期。

顾磊，2022，《"益论沙龙"聚焦——如何打破社会组织人才培养瓶颈》，《人民政协报》10 月 11 日，第 10 版。

哈耶克，弗雷德里希·奥古斯特·冯，1997，《通往奴役之路》，王明毅等译，中国社会科学出版社。

郝彩虹，2012，《发展公益型社会组织的政府主导模式研究——以北京市东城区等地为例》，《社科纵横》第 8 期。

黄晓春、嵇欣，2014，《非协同治理与策略性应对——社会组织自主性研究的一个理论框架》，《社会学研究》第 6 期。

吉登斯，安东尼，2000，《现代性的后果》，田禾译，译林出版社。

蒋远喜，2019，《嵌入到内生：社会组织党建策略选择》，《人民论坛》第 10 期。

柯林斯，兰德尔，2009，《互动仪式链》，林聚任、王鹏、宋丽君译，商务印书馆。

兰旭凌，2023，《社区社会组织的公共服务供给质量：评价框架、实证分析与治理改进》，《宏观质量研究》第 1 期。

雷洪，2018，《社会转型与社会管理观念的转变》，《社会》第 6 期。

李春玲，2011，《寻求变革还是安于现状 中产阶级社会政治态度测量》，《社会》第 2 期。

李春玲，2016，《准确划分中国中产阶层需要多元指标》，《人民论坛》第 6 期。

李路路、孔国书，2017，《中产阶级的"元问题"》，《开放时代》第 3 期。

李路路、王宇，2008，《当代中国中间阶层的社会存在：阶层认知与政治意识》，《社会科学战线》第 10 期。

李茂平，2007，《我国非政府组织在社会公益多元供给主体中的角色分析》，《吉首大学学报》（社会科学版）第 1 期。

李培林，2015，《中产阶层成长和橄榄型社会》，《国际经济评论》第 1 期。

李培林、张翼，2008，《中国中产阶级的规模、认同和社会态度》，《社会》第 2 期。

李强，2005，《关于中产阶级的理论与现状》，《社会》第 1 期。

李强，2015，《中国中产社会形成的三条重要渠道》，《学习与探索》第 2 期。

李强，2018，《改革开放 40 年中国社会分层结构之变迁》，《社会》第 6 期。

李强，2019，《当代中国社会分层》，生活·读书·新知三联书店。

李文静，2023，《社会工作在社区治理中的功能反思与优化路径》，《探索》第 2 期。

李友梅、梁波，2017，《中国社会组织政策：历史变迁、制度逻辑及创新方向》，《社会政策研究》第 1 期。

林闽钢、战建华，2018，《社会组织的自主性和发展路径——基于国家能力视角的考察》，《治理研究》第 1 期。

刘丹、王连花，2021，《功能型党支部发展的现实语境与发展展望》，《湖南行政学院学报》第 6 期。

刘璐、董芹芹，2021，《资源依赖理论下体育社会组织资源系统的构建与策略》，《湖北体育科技》第 3 期。

刘珊、风笑天，2005，《大学生志愿服务：动机、类型及问题》，《陕西青年管理干部学院学报》第 2 期。

刘威，2018，《从分立实践到嵌合共生——中国社会工作与公益慈善的理想关系模式建构》，《学习与探索》第 11 期。

陆海燕，2014，《国外关于志愿者激励的研究及其启示》，《武汉理工大学学报》（社会科学版）第 3 期。

陆学艺，2010，《当代中国社会结构变动中的社会建设》，《甘肃社会科学》第 6 期。

栾庆久、王睿，2024，《哈尔滨市创新"党建+"模式 引领社会组织高质量发展》，《中国社会组织》第 10 期。

马超峰、薛美琴，2020，《组织资源禀赋与社会组织党建嵌入类型——基于南京市社会组织的案例分析》，《学习与实践》第 6 期。

曼海姆，卡尔，2002，《重建时代的人与社会：现代社会结构的研究》，张旅平译，生活·读书·新知三联书店。

米尔斯，C. 莱特，2006，《白领：美国的中产阶级》，周晓虹译，南京大学出版社。

民政部，2015，《民政部发文加强和改进社会组织教育培训工作》，https://www.gov.cn/xinwen/2015-11/12/content_2964731.htm。

倪芳，2009，《都市白领青年的公益责任认同研究——上海市 B 俱乐部的社会学考察》，《中国青年研究》第 9 期。

倪咸林，2023，《政府购买社会组织服务供需适配精准化的实现机制》，《江苏社会科学》第 5 期。

帕特南，罗伯特，2011，《独自打保龄——美国社区的衰落与复兴》，刘波等译，北京大学出版社。

彭少峰，2017，《依附式合作：政府与社会组织关系转型的新特征》，《社会主义研究》第 5 期。

彭晓，2020，《赋权增能视角下的社区志愿者团队凝聚力提升干预研究——以嘉峪关市 M 社区为例》，硕士学位论文，兰州大学。

沈瑞英，2007，《西方中产阶级与社会稳定研究》，博士学位论文，上海大学。

施蕾生，2012，《创新社会管理视角下的新型公益组织建设》，《领导之友》第 4 期。

孙照红，2020，《社会组织发展的中国道路、场域和特色》，《观察与思考》第 4 期。

汤普森，E.P.，2013，《英国工人阶级的形成》，钱乘旦等译，译林出版社。

唐文玉、马西恒，2011，《去政治的自主性：民办社会组织的生存策略——以恩派（NPI）公益组织发展中心为例》，《浙江社会科学》第 10 期。

陶玉莹，2021，《从社会工作视角探索我国公益慈善的专业化发展》，《青少年研究与实践》第 1 期。

托克维尔，1989，《论美国的民主》上卷、下卷，董果良译，商务印书馆。

汪润泉，2016，《中产阶级的公共意识与公共参与——基于中产阶级类型化的比较分析》，《江汉学术》第 6 期。

王名、刘培锋等，2004，《民间组织通论》，时事出版社。

王名、张雪，2019，《双向嵌入：社会组织参与社区治理自主性的一个分析框架》，《南通大学学报》（社会科学版）第 2 期。

王哲，2021，《知识异质性视角下社区志愿者团队效能提升研究》，硕士学位论文，天津商业大学。

文军、桂家友，2015，《从"一体化"向"良性互动"发展：治理结构中的国家与社会关系演变》，《社会建设》第 1 期。

吴太胜，2015，《社会组织参与公益事业的实践探索及其启示——以杭州市社会组织参与公益事业为例》，《中共山西省委党校学报》第 1 期。

习近平，2022，《高举中国特色社会主义伟大旗帜 为全面建设社会主义现代化国家而团结奋斗——在中国共产党第二十次全国代表大会上的报告》，人民出版社。

习近平，2020，《习近平谈治国理政》（第 3 卷），人民出版社。

习近平，2018，《在全国组织工作会议上的讲话》，人民出版社。

徐道稳，2022，《社会工作与慈善事业的融合发展》，《人文杂志》第 7 期。

徐琳，2023，《社会志愿者培训激励机制的构建研究》，《产业与科技论坛》第 9 期。

徐勇、崔开云，2003，《中产阶级的新陈代谢与当代中国非政府组织公益行为》，《内蒙古社会科学》（汉文版）第 6 期。

徐越倩、张倩，2019，《社会组织党建与业务融合何以可能——基于动力——路径的分析》，《北京行政学院学报》第 6 期。

许鹿、钟清泉，2015，《协同还是控制：社会组织参与公共服务质量改进机制研究》，《贵州社会科学》第 2 期。

杨小京，2019，《城镇化进程中社会组织公共服务质量问题研究》，《大庆社会科学》第 5 期。

杨渊浩，2016，《社会组织发展与中国民生建设》，《探索》第 4 期。

尹海洁、游伟婧，2008，《非政府组织的政府化及对组织绩效的影响》，《公共管理学报》第 3 期。

玉苗，2014，《草根公益组织发展的研究综述》，《学会》第 3 期。

袁校卫，2020，《从嵌入到融合：新时代新型社会组织的党建路径探析》，
《河南社会科学》第 9 期。

张京唐、陈毅，2022，《稳定性自主：社会组织自主性生产图景再审
视——基于对"绿主妇"成长的历时性观察》，《社会建设》第 5 期。

张梦涵，2022，《新时代推进社区志愿者团队建设路径研究》，《黑龙江人
力资源和社会保障》第 5 期。

张书林，2014，《改革开放 36 年基层党建创新论析》，《学习与实践》第
7 期。

张文宏，2018，《改革开放四十年中国社会分层机制的变迁》，《浙江学刊》
第 6 期。

张怡，2023，《社会组织志愿者激励问题研究》，《国际公关》第 1 期。

张颖，2016，《公益性社会组织志愿者激励研究》，《知识文库》第 13 期。

郑伯埙，1990，《组织文化价值观的数量衡鉴》，《中华心理学刊》第 3 期。

中国 X 会 B 代表处，2023，《中国 X 会 B 代表处十年鉴 2013-2023》（内部
资料）。

周晓虹，2002，《中产阶级：何以可能与何以可为?》，《江苏社会科学》第
6 期。

周晓虹，2012，《社会建设：西方理论与中国经验》，《学术月刊》第 9 期。

周晓虹，2010，《全球化、社会转型与中产阶级的建构——以中国为对象
的比较研究》，《江苏行政学院学报》第 1 期。

周晓虹主编，2005，《中国中产阶层调查》，社会科学文献出版社。

周雪光，2011，《权威体制与有效治理：当代中国国家治理的制度逻辑》，
《开放时代》第 10 期。

朱健刚、景燕春，2013，《国际慈善组织的嵌入：以狮子会为例》，《中山
大学学报》（社会科学版）第 4 期。

英文文献

Bourdieu, Pierre. 1986. "The Forms of Capital." in J. Richardson (ed),

Handbook of Groups Theory and Research for the Sociology of Education. Greenwood Press.

Carvalho, Ana, Solange Melo & Ana Paula Ferreira. 2016. "Training in Portuguese Non-profit Organizations: the Quest Towards Professionalization." *International Journal of Training and Development.*

Charles, Jeffrey A. 1993. *Service Clubs in American Society: Potary, Kiwanis, and Lions.* University of Illinois Press.

Hall, Richard H. 1991. *Organizations: Structure, Process and Outcomes.* Jersey Prentice Hall.

Hou, Jundong, Clifton Eason & Chi Zhang. 2014. "The Mediating Role of Identificaton with a Nonprofit Organization in the Relationship Between Competition and Charitable Behaviors." *Social Behavior and Personality.*

Lawler, Stephanie. 2005. "Disgusted Subjects: the Making of Middle-class Identities." *The Sociological Review.*

Lindberg, Malin & Cecilia Nahnfeldt. 2017. "Idealistic Incentives in Non-governmental Organization Innovativeness: Bridging Theoretical Gaps." *Prometheus.*

Wu, Fengshi. 2017. "Having Peers and Becoming One: Collective Consciousness among Civil Society Actors in China." *Journal of Contemporary China.*

图书在版编目（CIP）数据

中产阶层人士的公益组织参与研究：基于 B-X 会个案
的考察 / 王树生等著 . -- 北京：社会科学文献出版社，
2025.3. -- ISBN 978-7-5228-4885-3

Ⅰ . D632.1

中国国家版本馆 CIP 数据核字第 202501AP54 号

中产阶层人士的公益组织参与研究
——基于 B-X 会个案的考察

著　　者 / 王树生 等

出 版 人 / 冀祥德
责任编辑 / 孟宁宁
文稿编辑 / 赵一琳
责任印制 / 岳　阳

出　　版 / 社会科学文献出版社 · 群学分社　（010）59367002
　　　　　　地址：北京市北三环中路甲 29 号院华龙大厦　邮编：100029
　　　　　　网址：www.ssap.com.cn
发　　行 / 社会科学文献出版社（010）59367028
印　　装 / 三河市龙林印务有限公司

规　　格 / 开　本：787mm×1092mm　1/16
　　　　　　印　张：14.75　字　数：226 千字
版　　次 / 2025 年 3 月第 1 版　2025 年 3 月第 1 次印刷
书　　号 / ISBN 978-7-5228-4885-3
定　　价 / 98.00 元

读者服务电话：4008918866